AF451685

Chambre syndicale française de la Photographie

ET DE SES APPLICATIONS

Fondée en 1862

V^E CONGRÈS NATIONAL

DE LA

Photographie professionnelle

*Sous le patronage de M. le Ministre de l'Instruction publique et des Beaux-Arts,
M. le Ministre du Commerce et de l'Industrie,
M. le Ministre du Travail.*

PARIS - NOVEMBRE 1912

RAPPORT GÉNÉRAL

ET

DOCUMENTS OFFICIELS

PARIS

IMPRIMERIE CHAIX

20, rue Bergère, 20

Chambre syndicale française de la Photographie

ET DE SES APPLICATIONS

Fondée en 1862

2, rue Montesquieu - Paris

Correspondance

Monsieur le Président,

En réponse à votre lettre du 20 septembre 1912, j'ai l'honneur de vous faire connaître que j'accepte bien volontiers la présidence d'honneur du Congrès organisé par la Chambre syndicale française de la Photographie et de ses applications, qui aura lieu les 14, 15 et 16 novembre prochain.

Je suis heureux de vous informer également que, pour répondre au désir que vous avez exprimé, je me ferai représenter par un fonctionnaire de mon Cabinet au banquet qui aura lieu à l'issue de ce Congrès.

Agréez, Monsieur le Président, l'assurance de ma considération très distinguée.

Le Ministre du Commerce et de l'Industrie,

Pour le Ministre et par autorisation,

Le Chef de Cabinet.

Monsieur le Président,

Vous avez bien voulu m'offrir la présidence d'honneur du cinquième congrès de la photographie professionnelle qui doit se tenir les 15 et 16 novembre prochain, à Paris.

Je vous remercie de votre offre aimable que j'accepte bien volontiers.

Je délègue d'autre part, pour me représenter au banquet, M. Vigneron, attaché à mon cabinet.

Je suis heureux de pouvoir donner ainsi satisfaction au désir que vous m'avez exprimé.

Agréez, Monsieur le Président, l'assurance de ma considération très distinguée.

Le ministre de l'Instruction publique et des Beaux-Arts,

GUIST'HAU.

Monsieur le Président.

Vous avez bien voulu m'offrir la présidence d'honneur du Congrès et de l'Exposition internationale privée organisés à l'occasion du cinquantenaire de la Chambre syndicale française de la Photographie, et qui auront lieu les 14, 15 et 16 novembre prochain.

Je suis heureux de vous informer que j'accepte, avec plaisir, de vous donner cette marque de sympathie.

Agréez, Monsieur le Président, l'assurance de ma considération distinguée.

Pour le Ministre du Travail et par autorisation :

Le chef du cabinet,

Henri VERNE.

Monsieur le Président,

Vous avez bien voulu me demander de mettre à votre disposition, dans la matinée des 14, 15 et 16 novembre, l'une des salles du Conservatoire national des Arts et Métiers, en vue d'y tenir le Congrès organisé par la Chambre syndicale de la photographie, à l'occasion de son cinquantenaire.

Je suis heureux de pouvoir accueillir votre demande et j'ai l'honneur de vous faire connaître que l'amphithéâtre A sera à votre disposition aux dates sus-indiquées, dans la matinée, de 9 heures un quart à midi.

Veuillez agréer, Monsieur le Président, l'assurance de ma considération la plus distinguée.

Le Directeur

DU CONSERVATOIRE NATIONAL DES ARTS ET MÉTIERS.

Paris, le 12 octobre 1912.

Monsieur le Président,

J'ai le plaisir de vous faire connaître que nous vous accordons bien volontiers notre amphithéâtre pour vos séances des 14 et 15 novembre prochain. M. l'économe se tiendra à votre disposition pour tout ce que vous aurez à lui demander.

Veuillez agréer, Monsieur le Président, l'assurance de mes sentiments distingués.

Le Directeur de l'École des Hautes Études commerciales,

BERNIER.

Comité d'organisation du Ve Congrès national de la Photographie professionnelle

BUREAU DU COMITÉ

Président d'honneur : M. Paul NADAR, président d'honneur de la Chambre syndicale française de la Photographie et de ses applications.

Président : M. Gabriel FÉLIX, président de la Chambre syndicale.

Vice-Présidents : MM. Ch. GERSCHEL, Section des portraitistes ; GORCE, Section des éditeurs ; FERNIQUE, Section des impressions photomécaniques.

Secrétaire général : M. H. HÉNAULT.

Rapporteur : M. Ed. BELIN.

Trésorier : M. H. LADREY.

Agent délégué : M. GAUTHIER, secrétaire administratif de la Chambre syndicale.

MEMBRES DU COMITÉ

MM. ARLAUD, de Lyon ; AZÉMA, de Béziers ; BARGOUDA, de Chartres ; Ed. BELIN, de Paris ; BELVAL, de La Ferté-sous-Jouarre ; BERT, de Paris ; Ad. BRAUN, de Paris ; BRISSY, de Paris ; BRON, de Nantes ; CAIROL, de Montpellier ; CAUVILLE, de Paris ; CHABRIER, d'Alençon ; CHAMBERLIN, de Paris ; CHEVOJON, de Paris ; DODÉ, de Paris ; DEBUT, d'Angers ; DUJARDIN, de Paris ; Gabriel FÉLIX, de Paris ; FERNIQUE, de Paris ; FRÉON, de Neuilly-sur-Seine ; Ch. GERSCHEL, de Paris ; GILETTA, de Nice ; GILLET, de Paris ; GIRAUDON, de Paris ; GORCE, de Paris ; HÉNAULT, de Saint-Denis ; H. LADREY, de Neuilly-sur-Seine ; LORTET, de Paris ; Ch. MARTIN, de Paris ; Paul NADAR, de Paris ; OTTO, de Paris ; F. PANAJOU, de Bordeaux ; PEIGNÉ, de Tours ; Pierre PETIT, de Paris ; RÉGIS, de Paris ; RECTLINGER, de Paris ; ROUGET, de Paris ; SAINT-JUST, de Paris ; SAZERAC, de Paris ; SEYFRIED, de Paris ; VAILLANT, de Paris ; VALLE, de Rouen ; VALLET, de Paris ; E. VALLOIS, de Paris ; VERRY, de Rennes ; VIZZAVONA, de Paris ; WALBOTT, de Paris.

Liste des Adhérents au Vᵉ Congrès de 1912

MM.
ALAINE, de Paris.
ALLEVY, de Paris.
ALIX, de Nantes.
ANTHONNY, de Paris.
ANTHONY's, de Paris.
ARJALEW, de Dinard.
ARLAUD, de Lyon.
AUBANEL, de Paris.
AUBERT, de Chartres.
AVRIL (Mᵐᵉ), de Paris.
BAERT, de Tourcoing.
BALISTAI, d'Agen.
BARBET MASSIN, de Paris.
BARCOUIN, de Chartres.
BARON de Douai.
E. BELIN, de Paris.
BELLEGARDE, de Paris.
BELLETTRE, de Paris.
BENART, de Paris.
BENJAMIN, de Paris.
BERGER (Paul), de Paris.
BERNERAT, de Beauvais.
BERT, de Paris.
BERTHAUD (Michel), d'Asnières.
BIOLLETTO, de Lyon.
BOESPFLUG, de Paris.
BOISGUILLOT (Vᵛᵉ), de Béziers.
BONNESŒUR, de Saint-Servan.
BONNET, de Paris.
BRAS, de Montpellier.
BRAUN (A.), de Paris.
BRAUNSTEIN, de Paris.
BRISSY, de Paris.
BRON, de Nantes.
BRUÈRE, de Paris.
BRUNET, de Paris.
CABOUD, d'Annecy.
CARDINAL, de Vannes.
CAVALIER, de Paris.
CAUVILLE, de Paris.
CAYEZ, de Lille.
CHARRIER, d'Alençon.
CHAPUIS, de Bécon-les-Bruyères.

MM.
CHAMBERLIN, de Paris.
CHAMBRE SYNDICALE DES FABRICANTS ET NÉGOCIANTS.
CHAMBRE SYNDICALE DES PHOTOGRAVEURS.
CHARDIN, de Paris.
CHATELIER, de Parthenay.
CHAUFFY, d'Orléans.
CHENOION, de Paris.
CHOUMOFF, de Paris.
COLLAS, de Cognac.
COLLET, de Rennes.
COMPTOIR LYON-ALEMAND.
CORNEAU, de Paris.
COULADOU, de Toulon.
COUPRIE, de Bruxelles.
COUTURE, de Paris.
DANGEREUX, de Paris.
DARBY, de Paris.
DECHAVANNES, de Paris.
DELPEYRAT, de Salies de Béarn.
DELSART (père), de Valenciennes.
DELSART (fils), de Valenciennes.
DELTON, de Neuilly-sur-Seine.
DEMARIA, de Paris.
DEMÉZY, de Paris.
DE POIX, de Rueil.
DEREPAS, de Paris.
DERREAU, de Paris.
DESBOIS, de Paris.
DESMAREZ, de Maubeuge.
DESSENDIER, de Roanne.
DE VAEBE, de Fontainebleau.
DODÉ, de Paris.
DONZALAT, de Paris.
DORSAND, de Châteauroux.
DORSÈNE, de Périgueux.
DROUIN, de Belfort.
DUBUT, d'Angers.
DUFEY, de Nancy.
DUJARDIN, de Paris.
DUMESNIL-MARGUIN, de Vincennes.
DUPUY, de Bois-Colombes.
DURAND, de Châlons-sur-Marne.

MM.

DÉTRAIT, de Clermont-Ferrand.
ENDREY, de Paris.
EHRHARD, de Château Thierry.
FAVREAU, de Paris.
FACRAY, de Paris.
FÉLIX (Gabriel), de Paris.
FERNIQUE, de Paris.
FRÉON, de Neuilly.
GANS, de Marmande.
GAROTTI, de Saint-Étienne.
GATTÉGNO, de Coulommiers.
GENTIL, de Paris.
GERSCHEL, de Nancy.
GERSCHEL, de Paris.
GERSCHEL, de Reims.
GEORGES, de Versailles.
GILETTA, de Nice.
GILLET, de Paris.
GIRAUDON (père), de Paris.
GIRAUDON (fils), de Paris.
GORCE, de Paris.
GRANDJEAN, de Paris.
GRAVIER, de Paris.
GRIESHABER, de Paris.
GROB, de Blois.
GUÉMIER, de Paris.
GYSELS, de Paris.
HACQUART, d'Amiens.
HARGOUS (frères), de Bordeaux.
HARRISSON, de Bois-Colombes.
HATON de Ramberviller.
HÉNAULT, de Saint-Denis.
HENRY, de Bazouges-la-Pérouse.
HOLZ, de Paris.
HOUEL, de Paris.
HUBAULT, d'Amiens.
HUBERT, de Paris.
HUMBERT, de Neuilly-sur-Seine.
HUTIN, de Compiègne.
JAVELLE, de Sceaux-Robinson.
JOUVEN, d'Aix.
KIVATIZKY, de Paris.
KLENSCHY, de Paris.
KOPP, du Raincy.
LADREY (H.) de Neuilly-sur-Seine.
LAZON, de Cambrai.
LE BRIS, de Paris.
LEBRUN, de Paris.
LECOMTE, de Blois.
LEJEUNE, de Lyon.
LÉMERY, de Paris.
LENIEPT, de Rouen.

MM.

LETZ, d'Angers.
LONGUET, de Paris.
LORTET, de Paris.
LOUIS (Ch.), de Chauny.
LUZZATTO, de Paris.
MALY Noël (Mme), de Paris.
MARMAND, de Paris.
MARQUET, de Mont-de-Marsan.
MARTIN (Ch.), de Paris.
MAUMELAT, de Paris.
MAUVILLIER, de Besançon.
MÉJAT, de Paris.
MELCY, de Paris.
MERCIER, de Paris.
MIGNEAUX, de Paris.
MIGNON, de Paris.
MILLION, de Paris.
MORAUX, de Lens.
MOSESCO, de Paris.
MOUREU, de Paris.
NADAR (Paul), de Paris.
NEYROUD (Maritus), de Paris.
OLIVIÉRI, de Nanterre.
OTTO, de Paris.
PANAJOU, de Bordeaux.
PASQUIER, de Paris.
PEIGNÉ, de Tours.
PÉNOT, de Nantes.
PERROT, de Paris.
PIERRE-PETIT, de Paris.
PICCOLATI, de Lille.
PIROU (Mascré succr), 23, rue Royale, de
    Paris.
PIROU, 5, boulevard Saint-Germain, de
    Paris.
QUITTARD (Mme), de Bordeaux.
RAMBAUD, de Grenoble.
RAMON (Mme), de Castelnaudary.
RAMON (Clément), de Castelnaudary.
RATIER, de Paris.
RÉGIS, de Paris.
RENAUDEAU, d'Arcachon.
REUSSE, de la Mon Poulenc, de Paris.
REUTLINGER, de Paris.
RICHARD, de Paris.
ROUAULT, de Decize.
ROUGET, de Paris.
SAINT-CLAIR, de Bordeaux.
SAINT-JUST, de Paris.
SALVADORI-LEPERCHE, de Paris.
SARTONY, de Paris.
SAZERAC, de Paris.

MM.

Schwazwalder, de Boulogne-sur-Mer.
Serent, de Bordeaux.
Seyfried, de Paris.
Schrambach, de Paris.
Schmidt, de Paris.
Simonet (Mlle), de Paris.
Société Franco-Américaine, de Paris.
Société Westinghouse Cooper-Hewit.
Solvay (Mme), Le Thillot.
Starosselsky, de Paris.
Stebbing, de Paris.
Surelle, de Saint-Omer.
Seter, de Bâle.
Taponier, de Paris.
Troley, de Paris.

MM.

Union photographique Lumière et Jougla, de Paris.
Vaillant, de Paris.
Valle, de Rouen.
Vallet, de Paris.
Vallois (Ed.), de Paris.
Vasseur, de Paris.
Vazeille, du Puy.
Verdeau, de Moulins.
Verry, de Rennes.
Vignais, de Billancourt.
Victoire, de Lyon.
Vizzavona, de Paris.
Walbott, de Paris.
Waléry, de Paris.
Walter, de Bernay.

Règlement

Article premier. — Conformément aux décisions de la Chambre syndicale de la Photographie et de ses applications, le V⁰ Congrès national de la Photographie professionnelle aura lieu au cours de l'année 1912.

Ce Congrès aura pour but :

1° De traiter des questions d'ordre général et de prendre toutes décisions conformes à la défense des intérêts et des droits de la corporation photographique professionnelle;

2° D'aider au progrès technique, artistique, théorique ou pratique et à l'amélioration de la production professionnelle par la diffusion de toutes les inventions ou nouveautés photographiques d'utilité pratique et industrielles : instruments, procédés, produits, accessoires;

3° De porter à la connaissance des professionnels toutes les questions ou tendances nouvelles relatives au mouvement artistique, à son développement en France, à ses rapports directs avec la photographie, avec sa technique et sa théorie.

Art. 2. — Ce Congrès, dont la durée est fixée à trois jours, se tiendra à Paris, les 14, 15 et 16 novembre 1912, au Conservatoire national des Arts et Métiers à 9 h. 15 m. du matin.

Art. 3. — Il comprendra :

1° Des membres actifs;

2° Des membres adhérents.

Membres actifs. — Tout chef de maison, appartenant à la corporation photographique professionnelle, établi en France ou dans les colonies françaises, ou de nationalité française et résidant à l'étranger, sera inscrit, sur sa demande, comme membre actif.

Membres adhérents. — Les négociants, les industriels, les inventeurs en photographie, de même que les employés photographes, peuvent participer au Congrès, au titre de membre adhérent, s'ils sont établis en France, ou de nationalité française.

Les négociants, industriels, inventeurs étrangers, agréés par la Commission d'organisation, pour une présentation quelconque prévue au paragraphe II de l'article premier du présent règlement, participeront au Congrès au titre de membres adhérents. Ils auront droit aux avantages prévus à l'article 10.

La cotisation des membres actifs et des membres adhérents est fixée au prix uniforme de 10 francs; les demandes d'admission doivent être adressées au président de la Commission d'organisation, avant l'ouverture du Congrès, ou au Secrétaire, au cours de la session.

Les membres actifs et les membres adhérents s'engagent formellement à se soumettre au présent règlement.

Les membres actifs seuls ont voix délibérative pour la constitution du Bureau. Les décisions sont prises à la majorité des voix.

ART. 4. — Le Congrès pour l'année 1912 comprend :

1° Des séances privées pour toutes les questions d'ordre général et corporatif;

2° Des séances de sections :

A. — Section des portraitistes, paysagistes, vues et monuments, etc.

B. — Section des éditeurs photographes;

C. — Section des procédés photomécaniques.

3° Des séances plénières réservées à l'examen et à la présentation, avec démonstrations théoriques et pratiques, si possible, par les inventeurs ou par les fabricants, de tous les appareils, procédés ou nouveautés, susceptibles d'aider au progrès de la photographie professionnelle et jugés tels par la Commission d'organisation du Congrès, d'après les dispositions fixées à l'article 9.

4° Des conférences sur les découvertes d'ordre pratique les plus récentes et sur tout autre sujet d'intérêt général pouvant aider au progrès artistique de la corporation photographique professionnelle.

5° (éventuel). Des visites aux principales maisons de Paris et aux établissements industriels.

ART. 5. — Tous les membres du Congrès assistent de droit aux séances générales, aux conférences, aux visites

Les séances privées et les séances de section sont uniquement réservées aux membres actifs pour l'étude des questions d'intérêt général et corporatif.

ART. 6. — Les membres du Congrès recevront une carte, qui leur sera délivrée par les soins de la Commission d'organisation et qui portera, selon la qualité du titulaire, le titre de membre actif ou de membre adhérent.

ART. 7. — Le Bureau de la Commission d'organisation fera procéder, lors de la première séance privée, à la nomination du Bureau du Congrès qui aura la direction des travaux de la session.

Il se composera d'un président, de trois vice-présidents, de deux secrétaires et d'un trésorier.

Les présidents et vice-présidents des différentes sections feront également partie du Bureau.

Les membres actifs se répartiront ensuite dans les différentes sections, selon la spécialité de leurs aptitudes, et suivant leurs déclarations.

Chaque membre actif pourra se faire inscrire dans plusieurs sections.

Les sections procéderont dans leur séance particulière, si elles croient devoir en avoir, à l'élaboration de leurs projets, sous la présidence du vice-président de leur section au Congrès.

Art. 8. — La Commission d'organisation remettra au Bureau du Congrès aussitôt sa formation, le programme de la session. Ce programme imprimé à l'avance, comprendra :

1° L'énumération de toutes les questions d'intérêt général qui auront été livrées à son examen et qu'elle aura adoptées ;

2° La liste de toutes les présentations d'appareils, d'instruments, d'accessoires, des procédés ou de nouveautés, etc., qui seront soumis à l'Assemblée avec le nom de leurs inventeurs ou de leurs fabricants.

Le Bureau du Congrès fixera définitivement l'ordre du jour des séances à l'aide de ce programme (1).

Art. 9. — Aucune communication ne peut être faite au cours des séances privées, aucune présentation ne peut avoir lieu au cours des séances plénières, si l'auteur n'en a fait part à la Commission d'organisation avant le 31 octobre 1912 ; cette Commission ayant pour mandat de juger s'il y a lieu d'adopter ou de rejeter les propositions soumises à son examen.

Il appartiendra cependant au Bureau du Congrès de prendre toutes les décisions nécessaires au cas où, préalablement aux séances, il serait porté à sa connaissance une communication ou une présentation particulièrement urgente ou intéressante à soumettre à l'Assemblée.

Art. 10. — Un diplôme commémoratif sera attribué aux inventeurs, aux fabricants, dont les présentations auront été admises au Congrès de 1912.

Des diplômes de première, deuxième et troisième classe seront attribués par le Bureau du Congrès et sur proposition de la Commission d'organisation aux appareils, instruments, produits, etc., soumis à l'Assemblée, jugés les plus nouveaux, les plus ingénieux, les plus pratiquement utilisables pour les photographes professionnels.

Les demandes doivent être accompagnées de la feuille d'adhésion et du montant de la cotisation.

---

(1) L'entière responsabilité des questions ou des communications soumises à l'ordre du jour du Congrès appartient aux auteurs des propositions, sans aucune garantie de la part du Comité d'organisation.

Art. 11. — Les orateurs, avertis à l'avance du laps de temps que leur aura attribué le Bureau, et qui n'excédera pas dix minutes, ne pourront parler plus de deux fois dans la même séance sur le même objet, à moins que l'Assemblée consultée n'en décide autrement.

Art. 12. — Les membres du Congrès qui auront pris la parole dans une séance, seront rigoureusement tenus de remettre au secrétaire, dans les *vingt-quatre heures*, un résumé de leur communication pour la rédaction des procès-verbaux.

Dans le cas où ce résumé n'aurait pas été remis, le texte rédigé par le secrétaire en tiendra lieu ou le titre seul sera mentionné

Art. 13. — La Commission d'organisation pourra demander des réductions aux auteurs des résumés. Elle pourra effectuer ces réductions, ou décider que le titre seul sera inséré, si l'auteur n'a pas remis le résumé en temps utile.

Art. 14. — Un compte rendu des travaux du Congrès sera publié par les soins de la Commission d'organisation. Celle-ci se réserve de fixer l'étendue des mémoires ou communications livrés à l'impression.

Art. 15. — Le Bureau du Congrès statue en tout ressort sur les incidents non prévus au règlement.

Art. 16. — Le reliquat disponible, après que le trésorier aura rendu ses comptes à la Commission d'organisation, sera versé à la caisse de la Chambre syndicale de la Photographie et de ses applications.

Liste des questions portées à l'ordre du jour

1. — Entente générale entre les membres de notre corporation.

2. — De la mutualité en photographie.

3. — Droits d'auteur pour les agrandissements et reproductions.

4. — La photographie et sa protection légale. — Situation des photographes en France et dans les autres pays. — Ce qui a été fait, ce qui reste à faire.

5. — Enseignement professionnel. — État de la question en France et à l'étranger.

6. — De l'obligation de la patente pour tous ceux qui se livrent au commerce de la photographie. — Infraction à la loi commune.

7. — Des expositions officielles. — Loi nouvelle sur les récompenses.

8. — De la concurrence mal comprise, non par l'amélioration de la production, mais par la baisse des prix, les portraits-primes ou soi-disant gratuits, certains modes de courtage, etc.

9. — De la concurrence déloyale.

10. — Cartes postales étrangères.

11. — Des inconvénients et dangers de l'exhibition et de la publication de certaines photographies. — Protestation et vœu.

12. — Questions des ambulants.

13. — Vœu concernant la création par l'Administration compétente, d'un service permanent pour l'acquisition, le classement normal et la conservation de tous documents photographiques, qui contribueront par la suite, à notre histoire nationale : monuments, vues, transformations de voies et perspectives, portraits, bandes cinématographiques enregistrant les principaux événements, etc.

14. — Les photographes-éditeurs dans les musées nationaux et provinciaux.

15. — Le droit de reproduction des éditions photographiques.

Procès-verbaux des Séances

Séance du 14 novembre 1912.

La séance est ouverte à 9 h. 30 m., sous la présidence de M. Gabriel Félix, président de la Commission d'organisation du Congrès.

M. FÉLIX. — Messieurs, je déclare ouvert le Vᵉ Congrès de la photographie française et de ses applications.

Tout d'abord, si vous voulez bien me le permettre, je vais faire l'appel de tous ceux qui ont bien voulu nous envoyer leur adhésion ; je prie tous ceux d'entre nos collègues qui sont présents à cette séance de bien vouloir se lever à l'appel de leur nom : je vous demande pardon de cette petite formalité qui a pour but de mieux nous connaître, et par conséquent de mieux nous apprécier.

(L'appel nominal est fait, chacun des membres présents se lève.)

M. FÉLIX. — M. Michel Berthaud, notre président honoraire, avait envoyé son adhésion vendredi et : samedi il mourait, emportant avec lui tous les regrets de la Chambre syndicale, qui s'est fait représenter à ses obsèques, lesquelles ont eu lieu en Saône-et-Loire. C'est une très grande perte pour le monde photographique tout entier, et au commencement de ce Congrès, permettez moi, Messieurs, de rendre un public hommage à l'homme dévoué, à la grande intelligence et à l'âme si loyale de ce regretté disparu. *(Applaudissements.)*

Nous avons reçu une très volumineuse correspondance de tous nos collègues de Paris ou de province, qui, étant seuls en leur maison, ouvrier et patron tout à la fois, ne peuvent se joindre à nous en ces trois jours et le regrettent ; ils nous assurent qu'ils sont de cœur avec nous, s'en remettant à notre esprit de sagesse pour mener à bien toutes les questions qui intéressent la corporation tout entière.

MESSIEURS ET CHERS COLLÈGUES,

Le Vᵉ Congrès national de la photographie professionnelle, organisé à l'occasion du cinquantenaire de la Chambre syndicale est un grand succès.

Merci d'avoir répondu si nombreux à notre appel, merci aussi à ceux de nos confrères qui, trop occupés, ne peuvent être parmi nous, mais nous ont donné toute leur confiance.

Je tiens à remercier également MM. les ministres de l'Instruction publique et des Beaux-Arts (représenté à la séance d'ouverture par M. Vigneron), du Commerce et de l'Industrie, du Travail et de la Prévoyance sociale, qui ont bien voulu nous accorder leur haut patronage.

Ces remerciements s'adressent aussi à M. le Conservateur des Arts et Métiers, ainsi qu'à M. le Directeur de l'école des Hautes études commerciales, à l'obligeance desquels nous sommes redevables de deux salles pour nos délibérations.

M. le ministre des Travaux publics, qui a consenti à transmettre, avec avis favorable, aux Compagnies de chemins de fer, notre demande de réduction et le Comité de Ceinture qui, exceptionnellement, l'a prise en considération, ont droit aussi à notre reconnaissance.

J'ai tenu à parler spécialement des membres de notre Conseil judiciaire, dont le dévouement est infatigable. Encore aujourd'hui, ils sont à côté de nous, toujours sur la brèche, nous prêtant leur concours le plus dévoué: c'est une joie pour moi de leur exprimer, au nom de la Corporation, toute notre gratitude.

Enfin, merci à tous ceux qui nous ont aidés dans la lourde tâche d'organisation du Congrès.

MESSIEURS ET CHERS CONFRÈRES,

Cinquante ans se sont écoulés depuis la fondation de la Chambre syndicale française de la Photographie et de ses applications, et, si notre groupement a aujourd'hui atteint son demi-siècle, c'est grâce au dévouement de tous ses Présidents. J'ai nommé : MM. Berthaud père, Lévy, Léon Vidal, Michel Berthaud (que nous venons d'avoir la douleur de perdre), Pannelier, Nadar, Ladrey et Valbois. C'est un grand honneur pour moi de voir mon nom ajouté sur une pareille liste, je ferai mon possible pour ne pas démériter.

Si l'œuvre de notre Chambre syndicale a été grande, plus grand encore est ce qui reste à faire.

C'est pourquoi les Congrès sont utiles. Les individualités qui y assistent donnent leurs idées, discutées et amendées par tous ; les résolutions prises dans de pareilles conditions fournissent bien notre état d'esprit : c'est une force pour essayer de les réaliser.

Je constate donc avec joie que deux cent seize membres ont répondu à notre appel, parmi lesquels nous comptons près de cent collègues des départements. Plusieurs adhésions nous sont parvenues de confrères ne faisant pas partie de la Chambre syndicale ; les trois jours qu'ils vont passer parmi nous nous permettent d'espérer qu'ils seront nos collègues de demain.

Ceci dit, au travail...

La liste des questions que nous avons à examiner est longue, aussi n'abuserai-je pas plus longtemps de la tribune.

Je prie notre président d'honneur, M. Paul Nadar, de prendre place au fauteuil présidentiel pour faire procéder à la nomination du président du Ve Congrès. (Applaudissements.)

DISCOURS DE M. NADAR

MESSIEURS ET CHERS COLLÈGUES,

Le président, à la fois de notre Comité d'organisation et de notre Chambre syndicale, M. Gabriel Félix, vous ayant très excellemment souhaité la bienvenue, je me permets de me joindre à lui et à tous les membres de notre Chambre pour vous féliciter de vous voir ici plus nombreux qu'au cours d'aucun des Congrès précédents.

Nous sommes, heureusement, tous animés de ce sentiment de bienveillance et de bonne volonté réciproque d'où peut seul résulter le progrès que nous recherchons, conformément, du reste, au but poursuivi par notre Chambre syndicale et tous nos congrès, depuis 1900, je l'affirme ici en toute sincérité et bonne foi. (*Applaudissements.*)

Assurément, personne au monde plus que nous ne pouvait davantage regretter que nos efforts n'aient donné tous les résultats que nous recherchions, mais dans le très sincère accomplissement de notre devoir, nous n'avons jamais pu nous faire illusion sur ce fait que le moindre pas en avant pour la vérité et la lumière exige parfois de longues années d'attente et d'efforts. En appuyant à nouveau sur ce clou, sur lequel nous avons déjà frappé nous mêmes, vous arriverez à triompher d'un certain nombre de questions que nous n'avons pu résoudre encore, et pour cela, je fais appel à ces sentiments de bienveillance réciproque dont je viens de vous parler, à cette solidarité confraternelle et humaine qui honorent ceux qui se montrent dignes d'en pratiquer le culte vis-à-vis de leurs semblables. (*Applaudissements.*)

Messieurs, il est d'usage, depuis que j'ai eu l'idée d'instituer, en 1900, le Congrès de la Photographie professionnelle, de nommer président du Congrès le président du Comité d'organisation. Je vous demande, Messieurs, de vouloir faire de même aujourd'hui en confiant à M. Gabriel Félix qui en est si digne, la présidence de vos travaux.

Y a-t-il une autre proposition à opposer à la mienne?... Non... Je mets aux voix la nomination de M. Gabriel Félix comme président de notre Ve Congrès.

Adoptée. (*A l'unanimité et avec longs applaudissements.*)

M. Félix. — C'est une très grande joie pour moi d'avoir été choisi par vous, messieurs et chers collègues, pour diriger et présider vos travaux; c'est la plus douce et la meilleure des récompenses pour les tracas qu'occasionne l'organisation d'un Congrès; je vous suis profondément reconnaissant de cette marque de confiance, et je fais un appel à la sagesse qui est en vous tous et à votre courtoisie naturelle pour que les discussions ne soient que des discussions et non des disputes. Que l'on fasse donc attention à toute parole prononcée, et que toute opinion qui s'énoncera dans des termes corrects soit respectée, quelle que soit cette opinion. Je suis certain d'avance d'être entendu de tous, en faisant appel à tous...

Messieurs, il nous faut maintenant choisir le bureau du Congrès; l'usage dont parlait M. Nadar tout à l'heure, veut que le Comité d'organisation du Congrès soit le bureau du Congrès. Je vous demande donc d'accepter comme membres du bureau du Congrès, les membres du Comité d'organisation de ce même Congrès; mais il faut apporter une petite modification : M. Gerschel, notre vice-président, ayant été appelé hors Paris par le décès d'un parent, ne pourra rentrer que ce matin, et n'être parmi nous qu'après le commencement de nos travaux; je demande à ce qu'il soit remplacé dans ses fonctions par un de nos confrères de province, et je mets aux voix le nom de M. Panajou, de Bordeaux.

M. Panajou. — Permettez-moi de vous interrompre, mon cher Président, étant données les questions qui vont être traitées ici, il vaut mieux que je garde toute ma liberté, car je désire prendre une part active à la discussion.

M. Félix. — Il est évident que si l'acceptation, par un de nous à une fonction du bureau pouvait amener une privation de liberté, j'aurais décliné l'honneur de vous présider, car, moi aussi, je veux conserver toute liberté de parole.

Je considère donc que M. Panajou peut accepter d'être notre vice-président.

M. Nadar. — Je demande la parole pour ajouter que M. Panajou représente on ne peut mieux la corporation et qu'il est le digne représentant de la province. A ce titre, nous serions tous heureux de le voir au bureau.

M. Félix. — Votre bureau du Congrès sera donc composé, si vous votez leur acceptation, des membres suivants :

Président : M. Gabriel Félix;

Vice-présidents : MM. Gorce, Panajou et Fernique;

Secrétaire : M. Hénault;

Rapporteur : M. Belin;

Agent délégué : M. Gauthier

(Adopté à l'unanimité.)

M. Félix. — Je donne la parole à M. Vigneron, qui a été délégué par M. le Ministre de l'Instruction publique en ce Congrès.

M. Vigneron. — Messieurs, M. le Ministre de l'Instruction publique m'a chargé de l'excuser auprès de vous. Il aurait en effet vivement désiré pou voir inaugurer l'exposition et les séances du V⁰ Congrès de la photographie française, mais les travaux parlementaires (ils sont très chargés en ce moment) l'ont empêché de se rendre à votre aimable invitation.

Je viens vous exprimer en son nom les meilleurs souhaits de bienvenue du Gouvernement aux congressistes qui ont répondu si nombreux à l'appel de la Chambre syndicale de la photographie et de ses applications.

Les Congrès (ainsi que le rappelait à l'instant votre sympathique Président) ont un intérêt particulier et leur utilité est des plus grandes.

Ils permettent d'abord à tous ceux qui travaillent une même question, de se connaître, de s'apprécier, d'échanger leurs vues pour le plus grand profit de tous. Ils permettent aussi, et ce n'est pas un de leurs moindres avantages, d'étudier complètement un certain nombre de questions fondamentales et de les mettre au point.

Les sciences en effet se développent à l'heure actuelle avec une telle rapidité, leurs conquêtes sont si nombreuses, les applications nouvelles si variées qu'il n'est guère possible, surtout à vous messieurs, qu'un travail quotidien prive des loisirs nécessaires, d'embrasser leur champ sans cesse plus vaste. Les bornes du savoir sont reculées, mais le terrain conquis sur l'inconnu est à peine défriché. C'est l'œuvre des Congrès, en des communications et des discussions où les plus qualifiés émettent leur opinion, de faire le bilan des acquisitions nouvelles et de préparer le travail à venir de façon à le rendre plus fécond.

Il est peu de branches du savoir humain qui se soient développées avec plus de rapidité que la photographie, et il en est peu dont le domaine soit aussi vaste. Née il y a un demi-siècle seulement, la photographie a maintenant dans la vie moderne une place prépondérante et ses applications dans toutes les sciences sont innombrables.

Dans les sciences physiques, c'est grâce à la photographie que l'optique a pu arriver à un si haut degré de perfection. La nécessité de réaliser des objectifs de grande luminosité ne déformant pas les images a conduit à étudier de très près les propriétés du système optique. Les efforts couronnés de succès des spécialistes, ont une répercussion heureuse sur toute la construction de tous les appareils de vision : lunettes, télescopes, microscopes, etc...

La chimie a conquis, grâce à la photographie, un monde nouveau excessivement vaste. Les réactions photographiques ont attiré l'attention sur les propriétés chimiques des radiations lumineuses, et une nouvelle branche de la chimie a été créée dont l'importance est suffisante et le domaine assez vaste pour justifier une dénomination spéciale : c'est la photochimie.

Dans toutes les sciences enfin, la plaque photographique a remplacé l'œil avec succès pour l'observation des phénomènes et la fixation durable des apparences fugitives, facilitant ainsi leur étude. La photographie permet aussi d'étudier les phénomènes de longue durée ; c'est ainsi qu'en astronomie, les gouvernements des différentes nations se sont mis d'accord pour entreprendre la publication de la carte photographique du ciel. Cette carte qui représente un travail énorme et une dépense de plusieurs millions constituera un document historique d'un intérêt inappréciable qui permettra de noter la naissance et la disparition des étoiles et de suivre dans leur course à travers l'espace, les milliers de mondes en mouvement qui sillonnent le ciel.

En géologie, en géographie, les vues photographiques sont les témoins précieux des preuves convaincantes du travail des forces naturelles et de la modification incessante de la surface du globe.

Au point de vue documentation artistique et pittoresque, la photographie a renouvelé l'information et enrichi l'histoire d'une série de documents qui seront pour ceux qui, plus tard, étudieront les temps modernes une mine inépuisable de renseignements. À côté des textes et des manuscrits, les historiens futurs auront à consulter les collections photographiques qui souvent fourniront les éléments les plus précis. Les grèves, les manifestations, les guerres, les grands travaux, les stades divers de l'évolution d'une contrée, les attitudes, les gestes des hommes sont pris par l'objectif avec une rigoureuse impartialité qui dispense de toute critique historique.

Mais je m'arrête, le champ des applications de la photographie est trop vaste pour pouvoir être seulement délimité, un tel développement, une telle variété d'application entraînent une complexité plus grande des questions qu'il est essentiel de résoudre. Aussi, ai-je vu avec plaisir que votre Congrès avait mis à l'ordre du jour de ses séances l'étude si délicate, et si importante pour l'avenir de votre art, de la propriété en matière photographique, des droits de reproduction. Je suis persuadé que vos efforts aboutiront à des résultats qui seront un guide des plus utiles pour le législateur... lorsqu'il aura le temps de s'occuper des questions photographiques... *(rires)* lorsqu'il établira le code de la photographie, encore incomplet sur tant de points. J'espère aussi que la création d'un organe centralisant les documents intéressants et constituant les archives photographiques de notre temps sera décidé, et son organisation étudiée. Enfin l'enseignement professionnel dans l'organisation duquel je trouve la solution à la question si grave de la crise de l'apprentissage, une des causes d'infériorité dans la lutte contre la concurrence étrangère, fera l'objet de vos discussions et j'espère que vos efforts en cette voie seront couronnés de succès.

Je m'excuse d'avoir parlé si longtemps, et en profane, de la photographie devant des personnalités aussi éminentes ; je vous laisse à vos travaux qui, j'en suis persuadé, auront une influence heureuse sur le développement de l'art photographique. *(Longs applaudissements.)*

M. FÉLIX. — En votre nom à tous, permettez-moi, Messieurs, de féliciter bien vivement M. Vigneron du discours si intéressant que nous venons d'entendre.

Je le prie de remercier M. le Ministre de l'Instruction publique d'avoir bien voulu se faire représenter à notre Congrès. De plus, je tiens à lui dire personnellement qu'il me paraît très fort admirateur de la photographie; s'il n'est pas amateur, il a tout ce qu'il faut pour l'être. *(Rires.)* Car j'ai été enchanté de constater qu'il connaissait à fond la question de la photographie et de ses applications. *(Applaudissements.)*

Messieurs, le bureau d'organisation du Congrès, après s'être mis d'accord avec la Chambre syndicale, a arrêté le programme de nos trois journées de manière que nous arrivions à examiner les questions qui intéressent toute la corporation.

Afin de produire un travail fécond, nous avons pensé qu'il était préférable d'examiner en premier lieu toutes les questions sur lesquelles nous étions le plus d'accord, et de n'aborder qu'ensuite celles qui pourraient nous entraîner à de très longues discussions, et ne nous laisseraient, par suite, que peu de temps si nous commencions par elles. Cependant, je tiens à dire que nous allons travailler le plus rapidement possible les premières questions afin qu'on ne puisse pas nous accuser d'avoir voulu escamoter le débat auquel nous exposera la question de l'entente.

Voici le programme tel qu'il a été imprimé, il va être distribué à tous.

Nous allons immédiatement aborder les questions, en donnant la parole à M. Gorce, rapporteur sur la mutualité.

DE LA MUTUALITÉ EN PHOTOGRAPHIE

M. Gorce. — Parmi les questions qui intéressent le plus la corporation, parmi celles qui sont de nature à nous rapprocher plutôt qu'à nous diviser, figure au premier rang la question de la mutualité. C'est une œuvre à laquelle tout le monde peut se rallier, quelles que soient les idées personnelles de chacun, car elle demande la collaboration de tous pour être utile à tous.

Plusieurs projets de mutualité ont été déjà envisagés au sein de notre corporation. On a étudié depuis de longues années déjà, à Paris et en province, ce que l'on pourrait faire, en matière de mutualité, pour les photographes français.

Quelques-uns de ces divers projets ont même reçu un semblant de commencement d'exécution, par l'élaboration de leurs statuts. Mais il faut reconnaître qu'aucun ne répond aux nécessités de la corporation. Si vous voulez bien me le permettre, je vais vous faire l'historique de cette marche vers la mutualité photographique.

Aujourd'hui, la corporation semble s'être ralliée à une idée commune qui est celle de verser au décès d'un photographe une certaine somme, soit à la veuve, soit aux enfants, soit aux ascendants du défunt. Cette somme serait recueillie au moyen d'une cotisation générale uniforme de 1 franc.

Cela est facile à dire, mais en réalité, très difficile à faire, car nous sommes obligés en matière de mutualité, si nous voulons vivre d'une existence légale, de nous conformer aux prescriptions de la loi de 1898, chose dont on n'a pas assez tenu compte jusqu'à ce jour. De cette façon seulement, nous pourrons bénéficier des avantages réservés à toutes les sociétés de secours mutuels approuvées. En 1896 un confrère de Bordeaux, M. Fourié, a fait un projet de mutualité basé sur le versement du franc au décès. Mais, M. Fourié mourut sans avoir eu la satisfaction de voir l'idée qu'il avait conçue prendre corps. J'adresse à sa mémoire un souvenir ému et fraternel auquel vous voudrez bien vous associer. (*Applaudissements.*) Après M. Fourié, nous avons eu M. Boullangez fils, de Corbie, qui, lui aussi, a fait un projet de société de secours mutuels. Nous nous sommes mis en rapport avec ce collègue, et j'avoue que j'aurais été très heureux aujourd'hui de voir M. Boullangez parmi nous. Il nous a écrit : « À mon très grand regret il me sera impossible d'assister au Congrès, mais veuillez croire que j'aurais été très heureux d'être auprès de mes collègues : soyez mon interprète pour leur dire combien je m'intéresse à leurs travaux, surtout en ce qui concerne la mutualité entre photographes.

» La question a été étudiée, mais sans résultat : tout me fait penser que cette étude en Congrès aboutirait plus facilement.

» Je vous laisse le soin de mener à bien le sujet des statuts de la nouvelle mutuelle. Veuillez agréer, etc... »

M. Boullangez avait fait un projet de statuts : si nous ne les avons pas pris c'est qu'avec eux notre Société ne pouvait pas vivre. Ces statuts étaient en opposition avec la loi de 1898, à laquelle nous devons nous conformer toujours. Ils disaient notamment « que la veuve qui se remarie avec un non photographe ne pourra pas faire partie de la Société ». Ceci n'est pas légal, on ne peut faire verser quelque temps, une cotisation et priver ensuite un membre de la Société, des avantages, dont, de par ses versements, il doit bénéficier.

Il était dit également que, lors d'un décès, tout sociétaire devrait verser 1 franc. Je dois vous dire tout de suite qu'on n'admet pas au Ministère, que vous puissiez faire une société sérieuse en faisant effectuer des versements dont le total variera chaque fois, puisque votre nombre d'adhérents augmentera, ou diminuera sans cesse, ce qui fait que, lors d'un décès, vous pourrez recueillir beaucoup, lors d'un autre, bien moins.

Cela ne correspond pas à la pensée du législateur qui vous dira : « lorsque vous faites une société de secours mutuels, il n'est pas possible de donner à certains membres des avantages qu'on ne donne pas aux autres ».

La loi n'admet donc pas qu'un groupement se forme dans le but de verser 1 franc au décès de chaque sociétaire quand le nombre de ces sociétaires peut, et doit diminuer, car il se produirait ceci : celui qui pendant vingt-cinq ans aurait versé le franc à chaque décès de ses collègues pourrait être lésé, ou plutôt ses héritiers le seraient au moment de sa mort, si le nombre des sociétaires était restreint à cette époque : il ne toucherait pas la réciprocité de ce qu'il aurait versé.

La loi de 1898, article 2, vous impose de donner une somme fixe, et cette loi a été confirmée par un arrêt du Conseil d'État, il y a un ou deux mois, à propos d'une société de secours mutuels que le Ministre du Travail refusait d'approuver. Condition essentielle non prévue par M. Boullangez : il faut que le secours payé aux sociétaires soit toujours le même pour chacun d'eux, que la société garantisse le paiement d'une manière uniforme, et qu'elle puisse assurer une perception de cotisations suffisante pour arriver à ce but.

La loi dit : « Ne sont pas considérées comme sociétés de secours mutuels, les associations organisées de manière à créer au profit de telle ou telle catégorie de ses membres des avantages dont ne bénéficient pas d'autres membres. »

Il n'y a donc pas deux façons de faire une société approuvée.

Vous allez me dire qu'il y a des sociétés qui fonctionnent sur d'autres bases. Oui, en effet, nous pourrions faire une société privée si tous ses membres faisaient par exemple partie de la Chambre syndicale ; il serait alors facile de s'entendre entre nous, d'établir des conventions qui ne regarderaient pas le Ministère, mais nous avons voulu faire une mutualité élargie, nous avons voulu que tous nos collègues sans aucune distinction puissent faire partie de cette société et profiter des avantages qu'elle réservera à ses membres.

Pour cela il fallait nous mettre d'accord avec la loi, et respecter ses restrictions qui sont très impératives.

Le projet de M. Boullangez ne pouvait nous servir, car, dans les articles de ses statuts, il en est un que nous ne pouvons accepter, celui qui fixe à 1 franc par membre composant la société, le montant de l'indemnité à verser, ce qui rend cette indemnité variable suivant le nombre de sociétaires.

Et puis il y a aussi la perception qui, dans ce projet, pèche par la base. Je ne mets nullement en doute la générosité de nos confrères pas plus que la vôtre ; donner 1 franc ne vous coûte pas ; ce qui est un embarras pour vous, et pour nous c'est l'envoi de ce franc. On ne pense pas à l'effectuer, ou bien on y apporte une certaine négligence, on en charge un employé qui l'oublie, et en définitive la plupart des cotisations ne se versent pas ou se versent en retard, alors qu'il faut que le secours soit accordé immédiatement après décès.

En résumé, les statuts de M. Boullangez ne sont pas acceptables pour les raisons que je viens de vous énoncer, et ils ne seraient pas approuvés.

Maintenant, si vous me demandiez pourquoi je tiens tant à l'approbation ministérielle, je vous dirais que ce n'est certes pas par amour-propre d'auteur mais simplement parce que cette approbation nous donne des avantages appréciables :

1° Une subvention du Gouvernement ;

2° L'exonération du droit de timbre pour tous les actes de la Société ;

3° La faculté de placer les fonds à la Caisse des Dépôts et Consignations, avec un intérêt de 4 1/2 0/0, accordé aux sociétés de secours mutuels seulement ;

4° La personnalité civile, le droit de recevoir des legs et dons, etc.

Bref, un tas d'avantages que vous saurez apprécier.

Après M. Boullangez, nous avons eu également un projet de M. Tinus, qui a des idées chères à tous les rapporteurs ; il avait conçu un article unique pour sa société de secours mutuels ; mais comme pour M. Boullangez, il ne se conforme pas à la loi de 1898, et, comme lui, il n'assure pas les mêmes avantages à tous les membres.

Après M. Tinus, nous avons eu l'idée de M. Paris, de Bordeaux, qui préconise le versement par les caisses de syndicats d'une somme qui serait destinée à donner des secours aux veuves ; ce système a ses désavantages, puisqu'il ne prévoit que l'adhésion des photographes syndiqués. Ceux qui ne le sont pas ne pourraient pas faire partie de la Société.

Ne trouvant pas dans tous les projets de statuts déjà élaborés les conditions requises par le Ministère pour l'approbation, ni les moyens de donner à notre Société la grande ampleur que nous avons rêvée, nous avons dû en faire d'autres.

J'ai donc l'honneur de vous présenter aujourd'hui des statuts rédigés d'une façon qui me permet de vous affirmer que nous aurons l'approbation ministérielle.

Ils ne sont pas intangibles, ils sont provisoires ; si vous voyez quelque chose à y changer, nous pourrons le faire dans les limites de la loi. Afin de bien les examiner, si vous voulez bien, nous allons les lire article par article : je suis à la disposition de tous pour donner les explications qu'on désirera.

SOCIÉTÉ DE SECOURS MUTUELS DES PHOTOGRAPHES DE FRANCE

M. Goace. — « Article premier. — Une Société de secours mutuels est établie à Paris, sous le nom de « Société de secours mutuels des photographes de France ... »

Si nous avons voulu établir à Paris le siège de la Société, c'est que nous avons pensé que cela donnerait de meilleurs résultats que partout ailleurs. Paris, quoiqu'on en dise étant le centre de toutes les sociétés importantes. D'ailleurs, la Chambre syndicale possède déjà un certain nombre de membres qui désirent s'inscrire. De plus nous avons, à Paris, le moyen de nous mettre en relations directes soit avec les pouvoirs publics, soit avec nos fournisseurs, soit avec toutes personnes s'intéressant à une œuvre de solidarité sociale.

Je continue :

« ... Elle se recrute parmi les *Photographes patentés professionnels*.

» Sa durée est illimitée... Elle a pour but unique, en cas de décès d'un de ses adhérents de verser au conjoint survivant, s'il n'est pas en instance de divorce ou de séparation de corps, aux enfants du décédé ou à ses ascendants un secours immédiat de *cinq cents francs.* »

Je vous dirai que ce chiffre de 500 francs est un chiffre imposé comme maximum.

Jusqu'à 500 francs, il est considéré comme secours. à 501 francs, ce n'est plus la même chose, vous êtes obligés de contracter une assurance. Il n'y a pas à chercher à modifier ce chiffre ; vous pouvez le diminuer, mais non l'augmenter.

Mais étant donnée l'importance de notre corporation, il est à prévoir que ce chiffre de 500 francs pourra être atteint facilement.

M. Payajou. — Il y a quelque chose que je voudrais voir modifier, c'est ce passage : « ... et a pour but unique, en cas de décès d'un de ses adhérents. de verser au conjoint survivant, s'il n'est pas en instance de divorce ou de séparation. » Pourquoi, au lieu d'avoir mis ces conditions très compliquées, n'avoir pas rédigé cet article de la façon suivante : « Chaque sociétaire devra indiquer par écrit et nominativement, le ou les bénéficiaires de ce secours. » De plus on aurait pu ajouter : « Le sociétaire aura toujours le droit de demander le changement de ce nom. »

M. Goace. — J'avais adopté la rédaction que vous préconisez ; on m'a fait observer que ce n'était pas légal. D'ailleurs voici les statuts modèles approuvés Il est difficile de ne pas fixer le rang des héritiers par ordre de priorité : vous n'avez pas le droit de léser un de vos héritiers naturels pour faire un avantage à une tierce personne. J'avais fait un premier projet qui contenait votre rédaclion, monsieur Panajou, et j'ai été porter cela au ministre du Travail. Au Ministère on m'a répondu carrément que cela ne pouvait pas être admis.

M. Panajou. — Le législateur ne peut pas vous opposer ceci...

M. Gorce. — Non, si vous faites une assurance au bénéfice de la personne que vous voulez avantager ; en matière d'assurance, vous êtes toujours libre ; mais en matière de mutualité, c'est autre chose. Vous êtes tenu de vous conformer à la loi.

M. Panajou. — S'il n'est pas possible de faire autrement, je le regrette beaucoup, d'autant plus que parmi nous, il en est qu'un lien non légal unit à une compagne qu'ils seraient heureux d'avantager. Par exemple en ce moment, il arrive ceci qu'un de nos collègues qui vit avec son amie, n'a plus aucun lien d'affection ni de famille avec son épouse, et cependant, parce que le divorce n'a pas lieu, ou parce qu'il n'est pas encore en cours, c'est la femme qui bénéficiera de tout, bien que ce soit la compagne qui ait supporté tous les frais d'obsèques ou de maladie... c'est absolument illogique, et ce n'est pas une mutualité élargie.

M. Gorce. — Du moment que le décédé n'est pas en instance de divorce, et si les deux époux sont unis par le régime de la communauté, ce sera la veuve légitime qui sera bénéficiaire, et ceci non seulement en matière de secours mutuels, mais pour toute la succession. Vous ne pouvez empêcher la loi d'être appliquée.

M. Panajou. — Si bien que le collègue, n'ayant pas d'enfant, tout ira à une personne qui ne lui convient pas.

M. Gorce. — Légalement, tout va à ses descendants, après sa veuve, ou à ses ascendants.

M. Félix. — Puisque nous avons le bonheur et l'honneur de posséder parmi nous notre excellent conseil judiciaire, nous le prions de vouloir bien éclairer le débat, en nous disant si nous pouvons prévoir que le nom du bénéficiaire sera désigné par le membre de notre Association.

Me Clément. — Il faut se conformer rigoureusement aux textes des statuts types que le Ministère vous a soumis. Le Ministère du Travail vous a délivré ces statuts justement pour que vous restiez dans la légalité, en les suivant rigoureusement.

M. Gorce. — Les statuts déposés par moi au Ministère du Travail portaient cette clause, et les modifications qui ont été faites par le contentieux l'ont supprimée, ou plutôt ne la mentionnent plus. Nous pourrions peut-être nous informer à nouveau sur ce sujet.

M. Félix. — Eh bien, convenons, pour clore cette question, que s'il est possible qu'un adhérent désigne le bénéficiaire du secours accordé par l'Association, ce sera mentionné dans nos statuts. Si cela n'est pas possible, nous nous conformerons rigoureusement à la loi.

M. Gorce. — Ceci dit, je poursuis : l'article 9 de nos statuts dit : « Ce secours sera payé, quelle que soit la cause du décès, à condition que le *participant justifie au moins de six mois de présence dans la Société.* »

Par cet article, Messieurs, nous avons voulu éviter les admissions *in extremis* : par exemple, ne pas admettre un collègue sur lequel une voiture automobile vient de passer et qui n'a plus qu'un jour à vivre. Mais, après examen, nous avons conclu que six mois, c'était trop. Nous vous demandons donc que ce stage soit réduit à deux mois.

M. Panajou. — Il nous est donc permis de modifier les conditions d'admission?

M. Gorce. — Il est reconnu que nous sommes maîtres de modifier la durée du stage.

M. Panajou. — Je crois que votre projet a besoin d'être modifié, ou plutôt complété, en ce qui concerne les âges des adhérents. Il faut penser qu'il y a des photographes de tous âges. Est-il juste que celui qui a par exemple soixante-dix ans, et qui est appelé à disparaître avant celui qui n'a que trente ans, bénéficie des mêmes avantages avec beaucoup moins d'années de versements?

M. Gorce. — Dans la suite des statuts, vous allez voir que nous avons pensé à cette différence d'âge, ils vous donneront satisfaction sur ce point.

M. Panajou. — Dans notre syndicat de Bordeaux, nous avons étudié très sérieusement cette question de mutualité, et nous avons envisagé le cas d'un de nos confrères qui, se sentant très malade, se sachant perdu, prévoyant qu'il vivra encore six mois, mais pas plus, se fait inscrire à la Société pour que sa femme bénéficie du secours.

M. Gorce. — La maladie ne sera pas un empêchement à l'admission, nous avons voulu faire une société très large, très généreuse, nous n'avons pas fait du versement de 1 franc, une question de gros sous. C'est à vous tous de savoir si vous voulez faire des articles draconiens; quant à moi, je ne vous les proposerai pas. (*Applaudissements.*)

M. Panajou. — Vous parlez en ce moment comme des gens à qui une pièce de vingt sous ne coûte pas. Mais il faut voir certains de nos malheureux confrères de province qui sont très gênés lorsqu'il s'agit de rogner sur le faible budget de la famille 10 francs, et même 5 francs. C'est énorme... Et puis, il ne faut pas oublier la moyenne de mortalité.

M. Hénault. — Vous nous écartons un peu de la question que nous discutions. Nous parlions du stage, et M. Gorce nous disait qu'il était d'avis de le réduire à deux mois.

D'autre part, comme l'admission doit être ratifiée en conseil d'administration, et que, d'autre part, les séances de ce conseil n'ont lieu que très rarement, de fait, le stage sera donc forcément de plus de deux mois. Vous ne pouvez dire sérieusement que pour faire bénéficier les siens immédiatement de ce secours, un homme mourra ou se suicidera juste au moment de l'assemblée qui doit l'admettre.

Il y a peut-être des personnes qui songent à mourir dans quelques mois. Il n'en est pas qui attendront deux mois pour se suicider, car la réflexion leur fera abandonner le funeste projet avant que le premier mois même soit achevé.

M. Gorce. — Malgré tout nous pouvons admettre un stage de deux mois. Maintenant si nous nous trouvions en présence d'un cas où la fraude éclate, nous aviserions pour ne pas laisser frustrer notre Société d'une somme de 500 francs.

M. Braunstein. — Ne pourrait-on pas faire payer la cotisation en proportion de l'âge de l'adhérent.

M. Mignon. — Je demande que la lecture des statuts soit faite entièrement, car nos collègues pourront constater que toutes ces objections y ont été prévues.

M. Gorce. — Je continue donc cette lecture.

« Art. 3. — La Société se compose de membres honoraires et de membres participants.

» Art. 4. — Les membres honoraires sont ceux qui, par leurs souscriptions ou par des services équivalents, contribuent à la prospérité de la Société, sans participer à ses avantages. Ils ne sont soumis à aucune condition de domicile, d'âge, de profession ou de nationalité.

» Art. 5. — Les membres participants sont ceux qui ont droit à tous les avantages assurés par la Société en échange du paiement régulier de leur cotisation.

» Les mêmes avantages sont assurés à tous les membres participants sans autre distinction que celle qui résulte des cotisations fournies ou des risques apportés.

» Art. 6. — Les femmes photographes, patentées ou non, et les femmes des membres participants peuvent faire partie de la Société. »

J'ai dit patentées ou non, parce que vous savez que les femmes veuves qui reprennent le commerce du mari décédé sont exonérées de la patente.

« Art. 7. — Les membres participants sont admis par le conseil à la majorité des voix, à titre provisoire et, sauf ratification, par la plus prochaine assemblée générale. C'est à dater seulement de deux mois après cette ratification que le participant aura droit aux avantages offerts par la Société, et qu'il concourra à ses charges.

» Les membres honoraires sont admis par le conseil à la majorité des voix. Leur nombre est illimité.

» Art. 8. — Pour être admis à titre de membre participant, le candidat doit remplir les conditions suivantes :

» 1° Être présenté par deux membres de la Société ;

» 2° Être photographe professionnel patenté.

M. Méjat. — Je voudrais que le rapporteur nous explique ce qu'il entend par « photographe professionnel patenté ».

M. Félix. — Mais évidemment celui qui, faisant de la photographie, paie une patente.

M. Méjat. — Mais alors, les phototypeurs, les fabricants ne peuvent faire partie de la Société !

M. Félix. — Ils peuvent en faire partie s'ils paient une patente de photographe.

M. Méjat. — Je commence à m'étonner d'une chose, c'est que, pour discuter cette question, qui n'intéresse que les seuls « photographes professionnels patentés », on ait choisi comme rapporteur un collègue qui est autre chose qu'un « photographe professionnel patenté ».

M. Félix. — Ceci n'a rien à faire à la question : M. Gorce fait partie de notre corporation, il a le droit de discuter les choses qui intéressent la corporation. Mais, je vais plus loin... n'importe qui serait rapporteur, fût-il cocher de fiacre, s'il arrivait à nous avec un rapport qui servirait les intérêts de la corporation, j'accepterais ce projet en remerciant son auteur d'avoir bien voulu nous le communiquer. (Applaudissements.)

M. Méjat. — J'avais aussi demandé la parole pour demander s'il ne serait pas plus rationnel de discuter ces questions de mutualité en séance de commissions plutôt qu'en séance générale.

La commission nous aurait présenté un projet accepté par elle après discussion de tous les articles, et alors nous n'aurions pas à recommencer ici.

M. Félix. — Cette proposition a été examinée par le bureau d'organisation du Congrès. Elle a du bon, mais beaucoup de mauvais, car la discussion aurait recommencé ici. Vous n'empêcherez jamais un collègue de prendre la parole en séance sur chaque article, et alors c'est double travail.

En somme en ce moment, nous sommes tous d'accord sur le fond de la question, nous reconnaissons tous la nécessité de faire une société de secours mutuels pour accorder un secours en cas de décès; il n'y a donc que des parties secondaires qui nous arrêtent, ne nous attardons pas trop aux points et virgules. Mettons sur pied des statuts types que nous pourrons modifier dans l'avenir si l'expérience nous démontre que la modification est nécessaire.

Voyons les grandes lignes, je vous en prie ne nous arrêtons pas à des détails oiseux. Faisons bien, mais faisons vite. (*Applaudissements.*)

M. Gobce. — Je m'oppose formellement à la demande de renvoi à la commission. Nous voulons faire œuvre immédiatement utile. La Chambre syndicale veut aboutir et elle aboutira.

M. Biays. — Ne vaudrait il pas mieux exiger un stage dans la profession plutôt qu'un stage dans la société. On pourrait fixer le chiffre de trois ans de profession.

M. Rattier. — La plupart des photographes établis ont été dans le métier depuis leur enfance.

M. Félix. — Vous semblez oublier une chose qui nous préserve de méprise, c'est que tous les membres doivent être présentés par deux photographes patentés. Croyez-vous que nous deviendrons assez naïfs pour présenter des membres qui ne seraient pas patentés et professionnels.

M. Rattier. — Pas de stage...

M. Coupru (de Bruxelles). — J'ignorais que vous alliez discuter cette question, car j'aurais pu vous fournir des renseignements très intéressants. Elle existe à Bruxelles, cette société de secours mutuels et depuis longtemps déjà. Je vous enverrai les statuts, si vous le désirez...

M. Gobce. — Ils ne s'adapteront pas à la loi française.

M. Coupru. — C'est une mutualité, et non pas une société de secours comme vous le prévoyez. Nous payons une cotisation fixe de 51 francs par an.

M. Félix. — Nous serons très heureux de recevoir ici tous les documents que vous voudrez bien nous expédier dès votre arrivée à Bruxelles. Mais, en ce moment, notre modeste ambition vise simplement le secours en cas de décès. A l'heure actuelle, nous nous trouvons en présence de ces propositions : d'un côté, un stage de profession d'un an; de l'autre côté, pas de stage. Que ceux qui voteront pour cette dernière proposition veuillent bien lever la main.

C'est bien compris, nous votons pour cette proposition : *pas de stage*.

M. Bioletto. — Quelle serait la situation d'un collègue qui achèterait un fonds de photographie, sans être photographe lui-même?...

M. Félix. — C'est pour cela que le stage professionnel présente des inconvénients. Le stage de sociétaire est suffisant à mon gré. Messieurs, je mets aux voix la proposition : *Pas de stage professionnel.* (*Adopté à l'unanimité moins une voix.*)

M. Panaiot. — Que faites vous des étrangers résidant en France longtemps dans une même localité en qualité de photographes professionnels patentés.

M. Gorce. — Nous admettons tous les étrangers comme sociétaires s'ils sont patentés, mais ils ne peuvent faire partie du bureau, car la loi dit que pour être membre du bureau des sociétés approuvées, il faut être Français, majeur et jouir de ses droits civiques.

« Art. 9. — Le nombre des participants est fixé à 1.500. »

Messieurs, nous avons fixé ce chiffre de 1.500 afin que les frais d'administration ne grèvent pas outre mesure le budget de la Société.

« Art. 10. — Tout membre participant, qui cesserait d'être photographe, ou qui deviendrait employé pourra continuer à faire partie de la Société. »

M. Gorce. — Nous avons été très larges. On dira peut-être que nous l'avons été trop. Mais nous sommes tous solidaires, et ce n'est pas au moment où des confrères sont éprouvés par des pertes d'argent qui les obligent à redevenir employés, qu'il faut les priver d'un avantage auquel ils ont d'ailleurs droit d'après les versements effectués par eux.

(M. Gorce donne lecture des articles concernant l'administration de la Société de l'article 11 à l'article 24, que nos lecteurs trouveront d'autre part, et qui sont approuvés à l'unanimité.)

Organisation financière.

M. Gorce. — « Art. 25. — Les recettes de la Société sont de deux sortes, les recettes normales et les recettes complémentaires.

« Les recettes normales sont :

« 1° Les cotisations des membres participants ;

« 2° Les intérêts produits par les fonds provenant de ces cotisations ;

» 3° Les droits d'entrée compensateurs. »

À remarquer que sauf décision de l'Assemblée générale, vous n'avez la libre disposition que des recettes normales : vous avez l'obligation de constituer un fonds de réserve avec ce qui ne figure pas sur cette énumération. Il est très sage qu'une société comme celle que nous voulons ait un fonds de réserve, car, un moment la Société peut décliner, il faut donc garantir à tous ses membres le bénéfice des cotisations versées.

Les recettes complémentaires sont :

1° Les cotisations des membres honoraires ;

2° Les dons et legs dont l'acceptation a été approuvée par l'autorité compétente ;

3° Les subventions accordées par l'État, le département, la commune ou les particuliers ;

4° Le produit des fêtes, collectes, etc., organisées au profit de la Société ;

5° Les intérêts produits par les fonds ne provenant pas des cotisations des membres participants.

« Art. 26. — Aux deux catégories de recettes sociales correspondent les dépenses normales qui sont :

« 1° Les versements de secours en cas de décès ;

« 2° Les frais de gestion.

« Art. 27. — L'excédent du compte secours en cas de décès et celui du compte gestion sont versés à un compte spécial qui prend le nom de « fonds de réserve ».

» Art. 28. — L'Assemblée générale peut effectuer des prélèvements sur le fonds de réserve pour faire face à des nécessités exceptionnelles et urgentes... »

Je veux parler ici des secours à accorder à des personnes tout à fait nécessiteuses auxquelles le conseil accorderait d'urgence un secours. Ainsi, tout à l'heure, notre collègue Panajou signalait un cas: un de nos confrères, non marié, mais vivant avec une compagne et ayant des enfants d'elle pourrait décéder en laissant cette famille illégitime dans le dénuement. il est bon alors que nous ne soyons pas empêchés de faire un peu de bien à ces malheureux, et c'est pour cela que nous avons fait cet article 28, qui nous donne une certaine liberté.

« Art. 29. — Le trésorier ne peut conserver en caisse une somme supérieure à 1.000 francs.

» L'excédent doit être placé à la Caisse des dépôts et consignations en compte courant disponible, aux Caisses d'épargne, ou être transformé en rentes sur l'État. »

(1.000 francs, ce sera suffisant pour parer au paiement d'un secours et aux frais de gestion. À la Caisse des dépôts et consignations, nous toucherons un intérêt de 4 1 2 0 0, plus élevé qu'aux Caisses d'épargne, où il ne sera jamais déposé une somme supérieure à 3.000 francs.)

Obligations envers la Société.

« Art. 30. — Les participants s'engagent à payer une cotisation minimum de 1 franc par membre décédé et de 2 francs par an pour frais de gestion.

» Le secours étant fixé, en cas de décès, à la somme de 500 francs, si le nombre des participants était inférieur à cinq cents, et que, par suite, le total du secours ne puisse être recueilli à raison de 1 franc par membre, un roulement serait établi entre les sociétaires afin que chacun, à tour de rôle, soit appelé à parfaire la somme manquante au moyen d'une cotisation supplémentaire de 1 franc.

» Par contre, si le nombre des participants permet de recueillir une somme supérieure à 500 francs, un roulement de dégrèvement sera établi, dont chaque sociétaire sera appelé à bénéficier à tour de rôle.

» Art. 31. — Pour assurer à la Société les ressources qui lui sont nécessaires, et pour lui permettre de payer immédiatement, sans le moindre retard, les secours dus aux familles des sociétaires décédés, tout membre participant devra verser aussitôt son admission prononcée, une provision de dix francs, destiné à payer la somme de un franc pour chacun des dix premiers décès qui se produiront, ou pour garantir, le cas échéant, le fonctionnement du roulement. »

M. Braunstein. — Plus nous sommes nombreux, mieux cela vaut pour chacun de nous, puisque nous serons alors plus souvent dégrevés. Je ne comprends pas pourquoi alors vous n'admettez pas plus de 1.500.

M. Gorce. — C'est qu'au-dessus de 1.500, les frais d'administration seraient trop élevés, nous serions obligés d'avoir un ou plusieurs employés.

M. Félix. — Oui, mais il ne faut pas oublier que ces frais seront couverts par la cotisation de 2 francs par an et par membre.

M. Braunstein. — Et puis, il y a des familles de membres décédés qui, riches ou dans l'aisance, ne toucheront pas le secours, et le reverseront dans la caisse.

M. Hop. — Mais la loi de 1898 doit interdire de limiter le nombre des adhérents d'une société de mutualité ; j'ai eu à m'occuper de tout ceci, et la préfecture m'a dit qu'il était défendu de limiter ce nombre.

M. Félix. — Si la loi ne fait pas d'objection sur la limite d'adhésions, nous n'en ferons pas nous mêmes.

M. Gorce. — C'est entendu... Je supprimerai le chiffre de 1.500 et nous mettrons : « le nombre des membres est illimité ». Quant à ce qui concerne la perception, vous comprenez bien qu'il est impossible qu'à chaque décès on vous réclame 1 franc. C'est pourquoi je vous demande ces 10 francs qui seront une avance ; lorsque la moitié sera épuisée, nous ferons présenter par la poste un recouvrement de 5 francs, de façon à reconstituer toujours la provision de 10 francs par membre adhérent. Cela est expliqué dans l'article 32.

« Art. 32. — Lorsque la moitié de la provision de 10 francs sera épuisée, la Société fera présenter par la poste, à ses membres participants une quittance de la somme nécessaire pour reconstituer la provision de 10 francs primitivement versée. Les frais d'encaissement ou de retour de cette quittance sont à la charge des intéressés.

» Art. 33. — Les membres honoraires paient une cotisation dont le minimum est de 50 francs par an.

» Art. 34. — La cotisation réclamée aux membres sociétaires étant uniforme, et afin d'équilibrer les charges différentes supportées par des participants d'âges divers, il est établi un droit compensateur qui devra être acquitté par moitié au moment de l'admission du participant dans la Société ; et l'autre moitié au commencement de l'année suivante.

» En cas de décès entre les deux versements, le secours est de droit.

» Le droit compensateur est établi de la façon suivante :

Tout sociétaire âgé de quarante-cinq à cinquante-cinq ans versera 20 francs.

Tout sociétaire âgé de plus de cinquante-cinq ans versera 25 francs.

M. Hop. — Je demande que la première provision ne soit que de 5 francs.

M. Gorce. — Je m'oppose à cette demande parce que cette somme de 5 francs n'est pas suffisante ; je serai obligé, lorsque deux membres sont morts, de vous demander le renouvellement de votre provision. Donner 5 francs, ce n'est pas nous constituer des ressources suffisantes pour parer très vite au nombre de décès qui, parfois, peuvent se suivre de très près.

M. Félix. — Je mets aux voix la provision de 10 francs. *(Adopté à l'unanimité.)*

M. Gorce. — A propos du droit compensateur, je vous dois une explication. Nous avons voulu donner à tous les membres les mêmes avantages, mais d'autre part nous avons voulu aussi égaliser les charges. Si nous n'avions pas établi ce droit compensateur, les jeunes photographes se seraient dit : « Oh ! mais je vais effectuer pas mal de versements avant que mes héritiers touchent les 500 francs, aussi est-il inutile que je me presse, je rentrerai dans la Société vers cinquante à cinquante-cinq ans, ce sera assez tôt ! » En vous présentant ces statuts qui augmentent les charges quand l'âge s'élève, je crois vous avoir donné pleine satisfaction à tous.

M. Panajou. — A Bordeaux, nous avons justement étudié très attentivement cette question, et nous sommes arrivés à cette conclusion que malheureusement on trouve qu'on a toujours le temps de verser de l'argent, et que ceux qui sont jeunes se décident très rarement à le faire. En présence de notre Société, les jeunes se diront : « Mais il y a là-dedans des gens qui ont soixante ou soixante-dix ans, peut-être plus ; ils vont bientôt passer dans l'autre monde, et moi qui n'ai que vingt-cinq ou trente ans, il me faudra verser 1 franc pour chacun d'eux, alors que j'ai au moins trente, quarante ou cinquante ans à ne pas bénéficier de ce versement. Eh bien, j'aime mieux attendre… » Et c'est comme cela que la plupart des jeunes vous échapperont. Il n'y aurait qu'une seule manière de les avoir tous, ce serait d'obliger tous ceux qui sont actuellement patrons photographes à faire partie, dès maintenant, de la Société. Il faudrait donc, à partir de trente-cinq ans, ne les admettre qu'après leur avoir fait verser ce que la Société aurait reçu d'eux s'ils en avaient fait partie depuis cinq ou dix ans. On est en sorte tenu d'obliger les gens à faire un peu de bien d'une façon désintéressée.

La base des statuts devrait être la suivante :

L'admission à trente ans, coûtera tant.

Tant à l'âge de quarante, de quarante-cinq, de cinquante-cinq ans, etc.

Ou bien : la limite d'âge est fixée à quarante-cinq ans, c'est mieux, c'est radical… Exception est faite cependant pour tous ceux qui se feront inscrire dans la Société dans le premier semestre de sa fondation. Vous pourriez dire encore : « Deux ans de versements sont exigibles dès maintenant pour celui qui a cinquante ans ; cinq ans pour celui qui a cinquante-cinq ans. C'est dans ce sens qu'à Bordeaux nous avons cherché à égaliser les charges des Sociétaires.

M. GORCE. — Mais, avec mon droit compensateur, j'ai justement cherché aussi à égaliser les charges. D'abord, il ne faut pas compter dans notre corporation avec les gens de vingt-cinq ans : ceux qui sont établis à cet âge sont l'exception et non pas la généralité. S'il en existe ils sont assurément très peu nombreux. Par conséquent, on ne peut prendre pour base que l'âge de trente à trente-cinq ans qui est celui où, d'une façon générale, nous nous établissons. Eh bien, messieurs, si vous n'entrez qu'à quarante-cinq ans dans notre Société, vous payez déjà un droit compensateur de 20 francs.

M. BIOLETTO. — Y a-t-il quelqu'un dans la salle qui pourrait nous renseigner sur la prime que l'on verse à une assurance quand on a vingt-cinq ans.

M. FÉLIX. — Je crois 2 fr. 50 c. 0 0 environ.

M. GORCE. — Mais le grand écueil de l'assurance, c'est l'âge du participant. Il paye beaucoup plus à quarante ans.

M. BIOLETTO. — Et on ne lui demande pas une contre-assurance ?

M. FÉLIX. — Il est juste que le jeune homme de vingt-cinq ans ne verse pas autant qu'un homme de soixante-dix ans.

M. BIOLETTO. — Vous n'offrez ni les mêmes avantages, ni les mêmes garanties que l'assurance.

M. GORCE. — Cela n'est pas prouvé, car vous raisonnez ainsi en prenant pour base le cas exceptionnel d'un jeune homme de vingt-cinq ans. Vous vous dégagez aussi de toute idée de solidarité, en disant : il me faut des avantages. J'attends chez mes confrères une autre mentalité.

M. BIOLETTO. — Vous m'excuserez si je prolonge le débat en y prenant part. Je ne doute pas que la Société ait un succès, et il est loin de ma pensée de

critiquer les statuts, mais je me demande si vous pourrez bien assurer le versement de 500 francs à chaque décès; rien ne le garantit, au lieu que dans une
assurance française vous êtes certains d'avoir ces 500 francs si vous-mêmes,
membres de cette assurance, vous avez rempli les obligations envers cette assurance, si, en un mot, vous avez effectué les versements nécessaires.

M. Gorce. — Le paiement des 500 francs en cas de décès sera assuré
par les sommes versées par les participants à titre de provision et par les autres
ressources de la Société qui sont suffisantes. Je m'élève contre l'assurance parce
que si vous faites verser à chaque sociétaire une prime forfaitaire que vous paierez
à la Compagnie qui doit forcément avoir un bénéfice, il pourrait advenir que
l'assurance bénéficie d'une très grosse somme s'il y a peu de décès. Nos confrères
sachant combien de collègues seraient décédés et quelles auraient été les sommes
payées, diraient que leur argent a été mal administré, et ils quitteraient la Société.

M. Méjat. — Je voulais vous dire que vous avez bien compliqué les articles,
dans la préparation d'une société de secours mutuels en faisant un peu concurrence aux sociétés d'assurance. Le but des premiers collègues qui ont étudié ces
questions était simplement de parer aux premières difficultés d'une veuve, et
de subvenir à ses premiers besoins et à ceux de ses enfants, le jour même des
obsèques. Les complications sont grandes en vos statuts, et vous ne donnez pas
aux jeunes gens de vingt-cinq ans les mêmes avantages qu'ils trouveraient dans
une Compagnie d'assurances.

M. Gorce. — Je réponds ceci, que nous donnons la somme dès que le décès
a été porté à notre connaissance; sans aucun retard, nous donnons à la veuve
les 500 francs auxquels elle a droit, et je ne vois pas comment une Société d'assurances la secourrait plus promptement que nous. Je crois que ce sera plutôt le
contraire! En ce qui concerne les jeunes gens de vingt-cinq ans, j'ai déjà répondu.

M. Méjat. — La complication de votre règlement empêchera des adhésions
de se produire.

M. Félix. — Il n'a aucune complication, sauf celles auxquelles nous sommes
obligés de nous soumettre de par la loi de 1898; et s'y soumettent toutes les
sociétés parfaitement organisées.

M. Bras. — Ne pourrait-on pas dire que le droit compensateur serait, de
vingt-cinq à trente-cinq ans, de 10 francs? Ou bien qu'à partir de tel âge, les
versements en cas de décès d'un collègue varieront suivant l'âge du participant?

M. Gorce. — Non, la loi est formelle en ce qui concerne la cotisation et le
montant du secours qui doivent être uniformes pour tout le monde; il n'y a que
le droit compensateur qui puisse changer.

M. Félix. — Cette œuvre que nous vous présentons pourra, dans l'avenir,
nécessiter quelques modifications aux présents statuts. Ce que nous faisons maintenant c'est la chose la plus simple du monde; ce n'est peut-être pas parfait, mais
cela est conforme à la loi, et cela nous permet de constituer une société qui sera
approuvée par le ministère.

M. Gorce. — Pour en finir avec le droit compensateur, je dis que pratiquement il ne peut être établi avant quarante-cinq ans, et en l'adoptant tel qu'il
est prévu, vous ne lésez personne, vous restez dans le domaine de la justice et de
la logique.

M. Félix. — Je mets donc aux voix l'article 34, tel qu'il est rédigé.
(Adopté.)

M. GORCE. — « ART. 35. — Chaque membre participant est obligé, sauf dans le cas de force majeure, de se rendre aux assemblées générales et à toutes les convocations statutairement faites. »

Nous désirons vivement que tout le monde collabore avec nous: on donne pour cela la facilité d'écrire ou de se faire représenter.

Obligations de la Société.

« ART. 36. — La Société s'oblige à verser, au décès de chacun de ses participants, à titre de secours, la somme de 500 francs et cela par ordre de priorité :

» 1° Au conjoint survivant, s'il n'est pas en ce moment en instance de divorce ou de séparation de corps :

» 2° Aux enfants du décédé ;

» 3° A ses ascendants.

» ART. 37. — Si le décédé ne laissait ni conjoint, ni enfants, ni ascendants, la somme de 500 francs, à laquelle ceux-ci auraient eu droit, sera versée aux fonds de réserve de la Société.

Radiation. — Exclusion.

» ART. 38. — Cessent de faire partie de la Société les membres qui n'ont pas payé leur cotisation ou qui se sont refusés à payer le renouvellement de leur provision à la suite d'un rappel recommandé à eux adressé. Dans ce cas la radiation sera prononcée par le bureau dans un délai de quinze jours et le solde de leur provision leur sera rendu.

» Cependant, il peut être sursis par le Conseil à l'application de cet article pour les membres participants qui prouvent que des circonstances indépendantes de leur volonté les ont empêchés d'effectuer le paiement de la cotisation. »

Si j'ai fait cet article, c'est parce qu'en matière de mutualité, si une société veut vivre, il faut qu'elle assure une perception régulière de ses fonds, et il faut qu'elle ait toujours dans sa caisse les fonds disponibles qui lui permettent de remplir ses obligations. Mais comme il faut penser aussi aux participants malheureux qu'un versement gênerait beaucoup, et qui cependant sont désireux de rester au nombre des adhérents de notre Société, nous leur avons laissé la facilité de s'adresser directement au bureau pour suspendre momentanément leurs versements.

Après avoir donné lecture des articles 40, 41 et 42, prévoyant les modifications aux statuts, la dissolution et liquidation de la Société, adoptés sans modifications, M. Gorce conclut en ces termes.

MESSIEURS,

Vous avez lu et discuté les statuts que la Chambre syndicale présente à vos suffrages aujourd'hui.

A son appel, vous êtes venus nombreux des diverses villes de France pour participer à ses travaux.

Nous vous en remercions, et nous demandons instamment de fonder par un vote unanime cette Société de secours mutuels.

Et si avant de nous séparer, nous accomplissons cette grande œuvre de solidarité et d'union confraternelle, nous pourrons dire avec joie que, dans cette enceinte, nous avons entendu battre le cœur de la corporation... (*Applaudissements prolongés.*)

M. Félix. — Nous pouvons remercier M. Gorce de s'être consacré avec tant de dévouement et de patience à cette œuvre de mutualité qui lui a demandé beaucoup de travail car, je le sais, ces statuts sont uniquement son ouvrage, et il a dû les recommencer plusieurs fois à cause des restrictions imposées par la loi ou par le Ministère du Travail.

Personne ne demande la parole?

Je mets aux voix l'adoption des statuts entiers.

(*Adopté à l'unanimité.*)

M. Nadar. — Je demande les remerciements du Congrès pour le travail si intéressant de notre collègue M. Gorce. (*Applaudissements.*)

M. Félix. — Messieurs, avant de nous séparer, je dois vous aviser qu'une causerie aura lieu ce soir à l'École des Hautes Études, d'abord par M. Cavallier, et ensuite par notre collègue Gerschel qui doit nous entretenir de la photographie à domicile.

De plus, je vous rappelle qu'un banquet nous réunira joyeusement chez Ledoyen, samedi soir, et j'insiste beaucoup pour que vous vous fassiez inscrire dès maintenant.

De plus, à la Chambre syndicale, cet après-midi, vous êtes conviés à visiter la superbe exposition que nous vous y présentons et à entendre les excellentes explications que vous donneront M. Gerschel sur les œuvres américaines qui méritent d'attirer toute votre attention, et M. Klatt, qui a eu l'amabilité de s'entremettre auprès de M. Carl Schwier, président de la Société allemande, pour l'envoi des belles épreuves que vous pourrez voir et admirer tout à l'heure.

Je ne parlerai pas des photos de nos collègues et confrères de France, vous les verrez, mais je les remercierai ici de l'empressement qu'ils ont mis à collaborer avec la Chambre syndicale pour faire nombre et montrer que l'art photographique français était digne de figurer au meilleur rang.

La séance de ce jeudi 14 est levée à midi 10 m.

Fin de la première journée.

Après le déjeuner, les photographes se sont rendus au Siège social de la Chambre syndicale dans le dessein de visiter l'Exposition des photographies, installée dans ses locaux. Ils ont été reçus par MM. Félix, président, et Gorce, vice-président de la Chambre syndicale, qui leur ont fait les honneurs de l'Exposition.

Celle-ci avait été divisée en plusieurs sections : 1° la section des œuvres allemandes; 2° la section des œuvres américaines; 3° la section des œuvres françaises. Malgré l'exiguïté des pièces réservées à cette Exposition, des panneaux avaient été installés tout spécialement afin de mettre en relief les œuvres envoyées dont quelques-unes étaient tout particulièrement remarquables. Les congres sistes qui en apprécièrent la valeur bénéficièrent ainsi d'un enseignement que d'aucuns déclarèrent fort profitable.

À 5 heures du soir, M. Félix donna la parole au représentant officiel de la *Deutscher Photographen Verein*, qui prononça l'allocution suivante :

ALLOCUTION DU REPRÉSENTANT
DU « DEUTSCHER PHOTOGRAPHEN VEREIN »

MESDAMES ET MESSIEURS,

Le président de la Chambre syndicale de la Photographie et de ses applications, M. Félix, a bien voulu me charger de faire une causerie à l'occasion de l'Exposition d'œuvres photographiques qui, cette année, a été jointe au Congrès national de la photographie. D'autre part, M. Karl Schwier, le président du *Deutscher photographen Verein* (Association des photographes allemands) désire que je dise quelques mots aux membres du Congrès à propos de l'envoi du D. P. V.

Je tiens à exprimer toute ma reconnaissance aux deux présidents pour la grande confiance qu'ils ont en ma faible compétence et j'exprime, dès le début, la crainte de remplir ma tâche bien incomplètement. Et d'avance, je m'excuse si ma causerie ne répond pas à ce que vous étiez en droit d'en attendre.

En ce qui concerne la première partie du programme, je me propose de vous entretenir quelques instants de ce qu'est et de ce que veut l'Association des photographes allemands; comment elle travaille et quelle est la signification de son envoi d'aujourd'hui. Ne croyez pas cependant, messieurs, que j'entreprendrai la tâche, puérile autant que déplacée, de vous expliquer quelles ont été les intentions des auteurs des œuvres que vous voyez dans la partie allemande de votre exposition. Vous qui avez l'habitude de faire de la photographie soit dans le but de représenter fidèlement la personnalité de vos clients, soit dans celui de créer un œuvre plus haute, exprimant une idée, un idéal ou un enseignement, vous allez facilement reconnaître le but qu'avaient vos confrères allemands en créant l'œuvre devant laquelle vous vous trouverez.

Le deuxième point, le désir de M. Schwier, étant justement de me faire parler des œuvres mêmes envoyées par les membres du *Deutscher Phot. Verein*, sera la partie la plus aisée pour moi, car, à ce sujet, je me permettrai de vous lire la traduction des passages de la critique faite par le président du jury, concernant les photographies qui se trouvent sous vos yeux.

L'Association des photographes allemands a été fondée le 29 décembre 1876. Ce fut un petit groupe d'hommes dévoués qui avait l'intention de réunir dans un seul groupement, si possible, tous ceux qui en Allemagne avaient le désir sincère d'améliorer les conditions générales de la photographie et de développer par l'éducation mutuelle la perfection technique et artistique de tous ceux qui s'occupaient de la photographie. Dire que ce but est atteint serait prétentieux. En photographie comme ailleurs : technique, aspiration artistique et conditions sociales sont en continuelle évolution. Un vœu, un idéal atteints, sont remplacés immédiatement et logiquement par un désir et un idéal plus haut. Et si la marche des améliorations au sein de l'Association des photographes allemands a été constante, c'est pour une large part à l'initiative dévouée de celui qui, depuis trente-cinq ans, préside à ses destinées, M. Karl Schwier, et à la vaillante collaboration des membres de son bureau qu'elle est due. Le nombre des membres de l'Association s'est accru depuis trente-cinq, lors de la fondation, à plus de six cents actuellement. Elle a son organe, la *Deutsche Photographen Zeitung*, qui paraît tous les vendredis et contient, en dehors des nouvelles intéressant la gestion de l'association, des articles et comptes rendus sur tout ce qui surgit de nouveau et d'intéressant dans le domaine de la photographie. En outre le *Deutscher Photographen-Verein* a certaines institutions organiques : un jury d'honneur, un conseil d'examens techniques, caisse de secours pour patrons et employés, etc.

Tous les ans, au mois d'août généralement, a lieu l'assemblée unique des membres. Elle dure du lundi soir au vendredi soir. Pendant ce temps fonctionnent des commissions chargées d'étudier des propositions, de décerner des médailles ou diplômes aux collaborateurs dévoués, etc. L'assemblée elle-même entend le compte rendu financier et celui de la gestion générale de l'Association. Les questions à l'étude sont discutées, on écoute des conférences sur de nouveaux procédés, assiste à la démonstration d'inventions nouvelles de toutes sortes intéressant la photographie. Enfin, la partie la plus intéressante et importante consiste toujours en une exposition d'œuvres photographiques des membres de la Société et de confrères non adhérents de l'Allemagne et de l'étranger. Le facteur éducatif de l'Association des photographes allemands réside pour la plus grande partie en cette Exposition annuelle. Au risque d'être un peu plus long que je ne l'aurais voulu, permettez-moi de vous décrire succinctement l'organisation et la physionomie d'une telle exposition. Si je vous demande cette permission, Messieurs, c'est en raison du caractère tout à fait unique et bien étudié de ces expositions.

Tout ce qui a trait à la photographie peut y être exposé. Non seulement des images photographiques de tout genre : portraits, paysages, études de genre, documents photographiques d'études scientifiques, mais encore la littérature photographique, les perfectionnements obtenus dans l'outillage, appareils, machines, etc. Il n'y a pas de jury d'admission, la responsabilité pour la qualité des objets exposés étant laissée à l'exposant. Ceci fait comprendre pourquoi ces expositions qui, en tant qu'ensemble, ne sont nullement préparées de longue main, sont presque toujours incomplètes. Une classe, un concours, peut être favorisé pour une foule de motifs et se trouver richement doté d'exposants; d'autres au contraire sont délaissés. Ne faisant pas une exposition pour le public, bien que celui-ci y soit admis après les premiers jours de la réunion, mais demandant aux exposants un effort personnel dans les différents domaines de la photographie, l'ensemble peut parfois manquer d'éclat, présenter même pour le spectateur occasionnel peu d'intérêt, cette exposition sera toujours pour le photographe même d'une grande importance et réalisera chaque année une parcelle de l'idéal du programme du *Deutscher Photographen Verein*.

Pour stimuler l'ardeur des exposants, l'Association dispose chaque année d'une série de prix d'honneur donnés par des Princes, sous les auspices desquels se trouve placée l'exposition, d'autres institués par des mécènes ou encore — exemple louable — par des professionnels disposant d'une fortune suffisante pour pouvoir encourager ceux qui se trouvent au début de leur carrière. Pour ces prix d'honneur les conditions de concours sont presque toujours très difficiles et ne sont pas accessibles à tous. C'est ainsi que depuis quelques années il y a un concours de ce genre qui demande l'envoi de photographies d'animaux sauvages, gibier, etc., non apprivoisés, pris en liberté. Ces photographies présentent une grande valeur au point de vue de l'histoire naturelle. Les concurrents se recrutant surtout dans le monde des chasseurs, et pour cause, voient leurs efforts couronnés par un objet d'une valeur de 250 marks comme premier prix donné par le grand-duc de Saxe, auquel s'ajoute un prix en argent de 100 marks de la maison d'édition Voigtländer, de Leipzig. Comme deuxième, troisième et quatrième prix, il y a des sommes d'argent allant de 75 marks à 25 marks. L'année dernière, il y eut un prix du duc d'Anhalt, consistant en un objet d'art, pour huit à douze vues prises d'un ballon libre, dirigeable ou aéroplane.

Un amateur d'horticulture donne un objet d'art pour des photographies de fleurs, plantes et motifs de jardin. Ces concours ne se renouvellent naturellement que si le donateur continue à exercer sa générosité pendant plusieurs années.

Le gros de l'exposition est divisé en trois groupes types. Le premier contient des concours pour des travaux exceptionnels dans le domaine de la photographie. Nous y trouvons des conditions nettement déterminées : Pour l'un il faut six groupes carte-album de deux personnes, un monsieur et une dame. Un autre pour six portraits de dames seules. Un concours prime la meilleure interprétation du thème : mère et enfant. Un objectif d'une valeur de 250 marks est le prix pour le meilleur envoi de quatre vues de paysages ou poses architecturales en 13 × 18 et deux en 18 × 24. Une maison donne pour 100 marks de plaques comme premier prix et pour 50 marks de plaques comme deuxième prix pour les six meilleures épreuves 18 × 24 d'après cliché original, dont au moins deux portraits et deux paysages.

Dans le même groupe il y a trois prix réservés aux employés : l'un pour la retouche de six portraits albums, l'autre pour la reproduction d'un dessin à traits et d'un portrait ; un troisième pour la retouche en noir d'après des originaux défectueux.

La seconde catégorie du groupe I impose pour la confection des travaux l'emploi de moyens techniques et matériels désignés par le donateur.

Tous les concurrents peuvent être honorés, indépendamment des prix de valeur qu'ils obtiennent, de médailles ou de diplômes, selon la décision du jury.

Le groupe II contient les concours généraux de l'Association. Il est divisé en sections, l'une exclusivement réservée aux travaux des professionnels, l'autre pour des amateurs, une troisième pour des travaux scientifiques tant au point de vue technique que littéraire. La quatrième est instituée pour des reproductions et procédés photomécaniques. Enfin, une cinquième section réunit les perfectionnements réalisés dans le domaine des appareils, accessoires, etc. Pour ce groupe, le jury dispose d'un certain nombre de médailles d'argent comme premier prix, de bronze comme deuxième prix et de diplômes comme troisième prix. Les médailles sont en partie mises à la disposition de l'Association par les gouvernements confédérés, des municipalités et des chambres de commerce, etc. L'Association en fournit naturellement la majeure partie. La médaille d'or n'est décernée que de loin en loin sur la proposition expresse du jury, voulant rehausser la valeur d'un premier prix accordé pour des travaux exceptionnellement méritants.

Un troisième groupe réunit sous le nom de section historique les travaux ayant ou ayant eu un certain intérêt pour le développement de la photographie et ayant au moins cinq ans d'existence.

Vous voyez, Messieurs, que d'une part il y a des classes pour tous les genres de travaux et que d'autre part les conditions des différents concours sont assez sévères. Ces expositions annuelles constituent un sérieux facteur d'éducation professionnelle. J'attire plus spécialement votre attention sur le fait que les poses pour toutes les épreuves exposées doivent être faites après le 1er juillet de l'année précédente. Ceci afin d'avoir toujours des travaux à l'exposition qui donnent un aperçu net sur la valeur réelle et actuelle de l'exposant. Enfin le chef du Jury, un critique d'art, fait le dernier jour de la réunion une conférence critique où il passe en revue les œuvres exposées, mentionnant ce qui est louable, condamnant les erreurs, corrigeant et enseignant *en toute indépendance*, en se plaçant uniquement au point de vue artistique. Depuis des années, c'est M. le Professeur-Docteur Botho Graef qui se charge du compte rendu critique imprimé dans l'organe de la Société.

Ces dernières années le *Deutscher Phot.-Verein* s'est dit que l'éducation mutuelle ainsi pratiquée est chose fort belle, mais ne saurait suffire. Car enfin, à quoi cela sert-il, de se perfectionner continuellement, se faire parfois des pas en avant qui exciteraient l'admiration des confrères et qui donneraient peut être une satisfaction personnelle, très appréciable, si vous soumettez ces œuvres à un public qui n'y comprend rien et qui préfère la douzaine de visites à votre travail personnel, mûrement réfléchi et étudié? L'on ne fait pourtant pas son métier d'art uniquement pour le plaisir de ses contemporains. On se décourage vite, si l'on voit qu'avec vos travaux de grande valeur technique et artistique, nécessitant l'achat d'appareils perfectionnés, la construction ou la transformation des ateliers de travail et l'emploi d'une matière première plus coûteuse, si avec tout ceci votre caisse reste vide et si celle du voisin qui fait le travail automatique et conventionnel s'emplit.

L'éducation du public s'imposait donc et fut entreprise d'une façon encore assez originale pour que je la mentionne ici. Deux choses étaient à envisager pour atteindre le but : 1° inspirer au public l'horreur du laid; 2° lui donner le goût du beau.

Ce qui avait causé le plus de dommage aux photographes de toutes conditions, c'était le fait de se voir ravir la clientèle d'agrandissement par des maisons sans scrupules qui promettaient au public des agrandissements gratuits, ce qui d'ailleurs ne les empêchait pas de lui soutirer la forte somme pour les cadres, la retouche, etc. De telle façon que l'agrandissement gratuit revenait assez cher. Fallait-il, comme certains l'essayèrent, faire concurrence à ces maisons, en faisant des agrandissements à très bon marché dans l'espoir de couper les vivres à ces entreprises? Idée puérile. Jamais le photographe simple, travaillant avec des moyens relativement modestes n'arrivera à vaincre le gros entrepreneur mal intentionné en adoptant ses façons de faire. La solution que trouva l'Association des Photographes allemands fut en même temps plus élégante et plus efficace. Elle institua la « Chambre des horreurs ». Les confrères demandaient à un ami complaisant de faire faire un agrandissement pour rien d'après une photographie qu'on lui donnait. En même temps on faisait soi-même un honnête agrandissement sur charbon, platine ou bromure. Ces différents agrandissements et originaux furent centralisés et firent un voyage à travers l'Allemagne. La ville dans laquelle un confrère mettait son local à la disposition de la Chambre des horreurs vit la presse locale pourvue d'articles de combat envoyés par la présidence du *Deutscher Phot.-Verein*. L'exposition étant gratuite, tout le monde accourait. Et on vit à côté de l'horreur gratuite mais assez chère, le bon agrandissement payé, mais assez bon marché pour qu'on pût se le payer. Le ridicule tue en Allemagne comme en France et les photographes et bonnes maisons d'agrandissements n'ont pas à se plaindre de leur procédé.

Encouragé par l'expérience, on n'en restait pas là. Les membres du *Deutscher Phot.-Verein* se dirent : « Nous avons des expositions annuelles pour notre exercice et pour l'éducation du public de la ville où nous siégeons, mais ce procédé est trop lent. Il ne suffit pas de faire du bon travail, il faut préparer le public à le comprendre. Si nous choisissions parmi nos photographies récompensées quelques unes et les montrions au public, nous ferions bien plus vite l'éducation des clients. Il n'est pas toujours facile à un photographe de province d'employer tous les procédés photographiques possibles pour le vain plaisir d'orner sa vitrine. Si nous envoyions notre sélection à travers les villes de l'Allemagne, le public y prendrait peut-être goût. Comme il a bien compris la différence entre les horreurs et le bon agrandissement, il comprendra aussi qu'il y a avantage pour lui de se faire faire un portrait moderne plutôt que la douzaine de cartes de visite conventionnelle.

Voilà, Messieurs, l'origine des « Expositions ambulantes » de l'Association des photographes allemands. Et quand M. Gerschel m'a parlé de l'intention que vous aviez, de joindre à votre congrès une exposition intime d'œuvres de confrères des différents pays, je lui ai parlé de l'Exposition ambulante, et des membres de votre bureau m'ont permis de demander au président de notre Société de vous l'envoyer. C'est avec empressement que vos confrères allemands ont répondu à l'appel, et ils sont heureux de pouvoir ainsi entrer en relations avec vous. Dans notre métier comme en musique nous exprimons nos intentions par un langage international, il y a bien des accents différents mais on se comprend tout de même. Et quand vous visiterez cette exposition, veuillez examiner avec bienveillance le coin réservé à l'Allemagne. Ne vous dites pas devant une unité : « Mais voilà ce que je ne saurais livrer à mes clients ». Essayez plutôt avec votre esprit subtil de Français de déchiffrer l'intention qu'ont eue les différents auteurs. Ne voyez pas la différence de types, de costumes, etc. avec ceux de vos clients habituels. Mais, même devant ce qui vous paraîtra étrange, et surtout devant cela, essayez de dégager l'âme qui vibre sous la forme. Votre confrère allemand a voulu dire quelque chose, en faisant son travail, et vous le comprendrez, j'en suis sûr. Et maintenant, Messieurs, laissez-moi terminer, par un vœu. Le *Deutscher Photographen Verein* aujourd'hui dépose chez vous sa carte de visite; il vous invite à lui rendre la pareille. Je vous ai dit qu'aux expositions annuelles toutes les nations sont admises; veuillez croire, Messieurs, que l'envoi venant de France serait toujours le bien venu. Laissez-moi terminer dans *l'espoir que l'année prochaine à l'Exposition de Munich se trouvera une section française* qui témoignera du bon goût et du savoir-faire français, comme l'envoi d'aujourd'hui n'a que l'humble prétention de vous donner un aperçu de la sincérité et de la technique allemandes. *(Applaudissements prolongés.)*

Avec une bonne grâce charmante, M. Klatt donna ensuite un résumé de la critique du Professeur Graef, ainsi que des renseignements sur les noms des auteurs. Accompagné par les Congressistes il fit le tour de l'Exposition en leur donnant des détails minutieux sur la confection des photographies exposées.

M. Gerschel fit ensuite la présentation des œuvres américaines exposées; après quoi, sous la conduite de MM. Félix, Benjamin et Brissy, les congressistes admirèrent les superbes œuvres d'art françaises qui nous étaient venues de Paris et des départements.

M. Félix a profité de cette visite pour faire constater toute l'utilité pratique de ces expositions auxquelles la Chambre syndicale se propose d'ailleurs de donner une périodicité régulière en les organisant aussi souvent que possible.

Les congressistes se renouvelèrent jusqu'à 7 heures du soir dans la salle de l'Exposition.

Le soir, au grand amphithéâtre de l'École des hautes études commerciales, et en présence d'une nombreuse assistance, M. Gerschel a fait une excellente conférence dont le sujet était : *Un portrait à domicile.*

M. Gerschel a fourni des indications précieuses touchant particulièrement à l'éclairage des sujets. Il a fait part d'idées très personnelles et très judicieuses qui étaient toutes de nature à permettre à ceux d'entre nous qui pourraient être appelés à opérer à domicile avec des éclairages défectueux, d'aplanir bien des difficultés. M. Gerschel a, notamment, indiqué à quel endroit précis devaient être placés les sujets et les appareils, quand on se trouvait en présence des éclairages les plus mauvais. Cette conférence a été d'autant plus utile qu'elle s'écartait des sentiers battus et qu'elle constituait, en somme, l'embryon d'une nouvelle conception photographique. Avec un esprit de charmante confraternité, M. Gerschel a mis, à la disposition de ses collègues, les enseignements qu'il avait tirés d'une longue expérience et d'observations réalisées au cours d'une carrière abondamment et brillamment remplie.

Après la causerie de M. Gerschel, M. Cavalier présenta un nouvel appareil d'impression pour papiers.

DÉMONSTRATION DE « VÉLOBROM »

APPAREIL PERFECTIONNÉ POUR L'IMPRESSION RAPIDE DES PAPIERS
AU BROMURE ET CHLORO-BROMURE D'ARGENT

C'est à M. Jouven, photographe à Aix-en-Provence, que nous devons la création d'un type d'appareil, le *Vélobrom*, le plus simple et le plus ingénieux permettant l'impression rapide de tous papiers par développement.

Par la nouvelle conception de son principe d'éclairage, utilisant en même temps que la lumière directe, la lumière réfléchie de n'importe quelle source lumineuse : gaz, électricité, pétrole, etc., etc., on comprendra l'énorme avantage que présente un tel appareil permettant de tirer rapidement et pratiquement tous genres de papiers les plus lents ou les plus rapides en tous formats jusqu'au 24/30.

Avec le *Vélobrom* et employant n'importe quelle source lumineuse, le négatif est éclairé directement en même temps que par la réflexion d'un écran à 45 degrés. Ce qui différencie notre appareil de tous les autres modèles, c'est que l'écran réflecteur est en même temps l'obturateur qui assure une diffusion rigoureuse de la lumière depuis le centre jusqu'aux extrêmes bords de la plaque et cela jusqu'à la dernière fraction du temps de pose. Cette diffusion de la lumière est si parfaite que les dégradés fond blanc sont absolus, même en présence de costumes et fonds très foncés.

En outre, l'évaluation du temps de pose, chose si importante avec les papiers par développement, se fait de façon beaucoup plus précise grâce à la suppression du verre rouge pour la mise en plaque, lequel est remplacé par une feuille de papier blanc qui permet un centrage facile du cliché.

Pour le tirage en bande ou pour celui des papiers en rouleau il y a économie dans le calibrage, en raison des guides gradués dans les formats visite, album ou toutes autres dimensions, car l'épreuve est de ce fait toujours parfaitement centrée.

Sur demande adressée à L. Cavalier, 67, rue des Archives, à Paris, la notice détaillée est envoyée franco.

M. Van den Bosch, 12, rue Sainte-Catherine, à Bordeaux, présenta ensuite un révélateur l'*Argus*, au sujet duquel il a fourni les explications suivantes :

« Ce produit est un révélateur composé de deux poudres : le réducteur y est intimement mélangé. Tous les produits le composant sont de qualité absolument parfaite. Les deux poudres A et B le constituent et forment le révélateur complet. Pour l'emploi, on prend égale quantité de A et de B. Il est très pratique et économique à ce point de vue, car il supprime les petites pesées des réducteurs et évite le gaspillage de ce produit d'un prix élevé. Ses qualités sont les suivantes : il donne des clichés fouillés dans tous les détails, des blancs, des noirs modelés sans dureté. Malgré sa composition de deux produits employés par parties égales, qui est la formule normale, il jouit du privilège de permettre de le composer à son gré, de même que le révélateur à l'acide pyrogallique, auquel il doit être comparé, et duquel il est synthétique ; il suffit pour cela de varier la quantité de poudre B.

« L'*Argus* pour les papiers est précieux. Il donne avec les papiers chlorobromure le ton si recherché par virage des papiers au platine. Les agrandissements au papier bromure développés avec, sont beaucoup plus chauds : ils perdent le ton froid qui déprécie ce genre d'agrandissements.

« Avec 1 kilogramme d'*Argus*, on prépare 20 litres de révélateur pour clichés, ou 67 litres pour papiers.

« Nous enverrons un échantillon de révélateur l'*Argus* à tous les photographes dont nous recevrons la carte, et nous ne facturerons la première commande de 1 kilogramme, qui nous sera demandée à titre d'échantillon que 10 francs, franco domicile et emballage, au lieu de 13 fr. 50 c. qui est le prix net, et de 12 francs par 3 kilogrammes. »

La Société franco-américaine fit ensuite des essais de retouche rapide à l'aide d'un pinceau à air.

PLAQUES ET PAPIERS PRÉSENTÉS PAR MM. GRIESHABER FRÈRES ET Cⁱᵉ.

La maison Grieshaber frères et Cⁱᵉ, 12, rue du quatre-Septembre à Paris (Société des produits photographiques *As de Trèfle*) présente également ses dernières nouveautés.

La plaque négative ÉTIQUETTE ROUGE qui constitue le summum des rapidités atteintes jusqu'ici tout en permettant un emploi facile. Cette plaque appelée *plaque de secours* rend les plus grands services dans tous les cas où l'éclairage est insuffisant. Sa rapidité est double de l'étiquette rose bien connue des professionnels.

Le papier Doax intéresse tout particulièrement les photographes comme papier artistique bon marché. Il s'emploie comme tous les bromures mais a sur ces derniers l'avantage de donner des tons chauds très agréables, uniquement en augmentant la pose et en diluant le bain.

Cette présentation fut suivie d'une distribution d'échantillons de ces intéressants produits.

Une intéressante démonstration sur l'éclairage artificiel est faite ensuite, par la Société Cooper-Hewitt à l'aide de plusieurs lampes à mercure et la séance est levée à 10 h. 45 m.

Deuxième séance. — Vendredi 15 novembre 1912.

La séance est ouverte à 9 h. 40 m. sous la présidence de M. FÉLIX, assisté de tous les membres du bureau du Congrès.

M. FÉLIX. — Messieurs, la séance est ouverte. Je vous lirai tout à l'heure seulement la correspondance reçue depuis hier, car les membres de notre Conseil judiciaire qui veulent bien nous faire une conférence sur nos intérêts professionnels, sont appelés par leurs propres affaires, et nous demandent de vouloir bien les entendre immédiatement. Je donne donc le premier tour de parole à Mᵉ Taillefer qui va nous parler de « la photographie et de sa protection légale; de la situation des photographes dans les autres pays et en France; de ce qui a été fait, de ce qui reste à faire; de la loi nouvelle sur les récompenses ».

Mᵉ TAILLEFER. — Je vous demande la permission de commencer par vous dire quelques mots de la loi nouvelle sur les récompenses. C'est une loi qui date du 8 août 1912. Elle abroge une loi de 1886 qui fixait avec assez de précision, en apparence, les conditions dans lesquelles on devait se servir des récompenses obtenues dans les expositions. Mais étant donné qu'elle ne fournissait aucun moyen de vérifier si celui qui usait d'une récompense en était réellement titulaire, elle ne donnait aucune garantie contre l'abus des récompenses dans les réclames industrielles. M. Astier avait proposé naguère un projet de réforme, le projet de loi qui a été ballotté entre la Chambre et le Sénat, et a été voté enfin par le Sénat l'année dernière. Je n'ai pas l'intention d'examiner en détail ce projet; je vous dirai seulement qu'actuellement on élabore un règlement d'administration publique qui est destiné à permettre l'exécution de la loi qui doit devenir exécutoire six mois après la publication de ce règlement d'administration publique. La disposition fondamentale de la loi consiste en ceci : c'est que les récompenses obtenues dans les expositions doivent être soumises à un enregistrement avant d'être employées commercialement.

Aux termes de l'article premier de cette loi il est dit :

« ARTICLE PREMIER. — Les récompenses, objet de la présente loi, comprennent les prix, médailles, mentions, titres ou attestations quelconques de supériorité ou approbations qui ont été : 1° obtenus dans les expositions ou concours organisés, patronnés ou autorisés par le Gouvernement; 2° obtenus à l'étranger dans les expositions ou concours organisés, patronnés ou autorisés par un gouvernement étranger; 3° décernés en France et dans les colonies ou possessions francaises, ou à l'étranger par des corps constitués, des établissements publics, des associations ou sociétés françaises ou étrangères. Il ne peut être fait un usage industriel ou commercial que de ces récompenses, et après l'accomplissement des formalités prévues aux articles ci-après. »

Et voici les formalités qui sont prévues par l'art. 2 de la même loi :

« L'usage industriel ou commercial des récompenses énumérées à l'article premier n'est licite qu'après enregistrement à l'Office national de la propriété industrielle, soit du palmarès, à la requête de l'autorité ayant organisé l'exposition ou le concours, ou du titulaire d'une des récompenses comprises dans ledit palmarès, soit du diplôme, du certificat, ou de leurs copies certifiées conformes, à la requête du titulaire intéressé.

« L'enregistrement comporte l'inscription, par les soins de l'Office national, sur le diplôme, le certificat ou leurs copies, de la date du dépôt et d'un numéro d'ordre.

« Mention de l'enregistrement est consignée sur un registre spécial. Toute demande d'enregistrement d'un palmarès doit être accompagnée de deux exemplaires de ce palmarès; l'un d'eux est restitué à l'autorité ayant organisé l'exposition ou le concours, ou à l'intéressé, revêtu des mentions prévues au paragraphe précédent; l'autre est conservé aux archives de l'Office national. L'enregistrement est de droit pour les récompenses décernées dans des expositions ou concours organisés, patronnés ou autorisés par le gouvernement français ou par un gouvernement étranger. Dans tous les autres cas l'enregistrement n'est effectué qu'après enquête de l'Office national. Les récompenses enregistrées sont publiées dans le *Bulletin officiel de la propriété industrielle*. »

« Des conventions diplomatiques conclues avec tous les pays ayant institué une procédure d'enregistrement pourront dispenser de l'enregistrement en France, les récompenses obtenues et préalablement enregistrées dans ces pays, à la condition que la même dispense d'enregistrement soit accordée aux titulaires des récompenses décernées et enregistrées en France, et qu'il y ait échange des documents constatant l'enregistrement. »

Vous voyez, messieurs, que ceci nous délivre de toutes ces médailles, diplômes et autres récompenses que étaient décernés ou plutôt vendus par les petites expositions privées et qui, mises en montre des photographes ou autres commerçants, leurraient le public sur le mérite de ces commerçants. Il faut l'enregistrement, et l'enregistrement ne s'accorde qu'aux expositions patronnées, organisées ou autorisées par les pouvoirs publics et aux sociétés vraiment sérieuses.

D'autre part les expositions individuelles ou collectives ont attiré l'attention du législateur, puisqu'il est dit dans l'article 3 de la même loi :

« Art. 3. — Les récompenses, objet de la présente loi sont décernées soit à titre personnel ou individuel, soit à titre collectif. Lorsque la récompense a été décernée à titre personnel ou individuel, il ne peut en être fait usage industriel et commercial que par la personne qui l'a obtenue, ou par ses ayants droit; en ce dernier cas, le nom du titulaire de la récompense doit être indiqué en caractères apparents. Lorsque la récompense a été décernée à titre collectif, il peut en être fait usage industriel ou commercial, soit par le groupement intéressé, soit par chacun des membres de ce groupement, à la condition de mentionner expressément, et en caractères aussi apparents que ceux de la récompense elle-même, la collectivité qui l'a obtenue. Il ne peut être fait usage industriel ou commercial d'une récompense attribuée à une entreprise industrielle ou commerciale que par le propriétaire de cette entreprise ou par ses ayants causes. Il ne peut être fait usage industriel ou commercial d'une récompense attribuée à une entreprise industrielle ou commerciale à titre de collaborateur qu'à la condition par le titulaire d'indiquer qu'il s'agit d'une récompense de collaborateur, et de mentionner le nom de l'entreprise à laquelle il était attaché lorsqu'il l'a obtenue.

« Le propriétaire de l'entreprise ne peut également en faire usage qu'à la condition d'indiquer qu'il s'agit d'une récompense de collaborateur.

« Lorsque la récompense a été décernée en considération d'un produit déterminé, l'usage industriel ou commercial peut en être cédé en même temps que le produit. Toute cession ou transmission de fonds de commerce ou d'un produit comprenant les récompenses attribuées aux propriétaires antérieurs, doit être déclarée à l'Office national de la Propriété industrielle; à défaut de cette déclaration, le successeur ne peut faire usage licite des récompenses attribuées à son ou ses prédécesseurs, et régulièrement enregistrées. »

Comme vous le voyez, on a supprimé l'indication du produit qui aurait obtenu la récompense; il est parfois bien difficile de l'indiquer à coup sûr: il n'est pas rare qu'un industriel obtienne une récompense pour l'ensemble de son exposition sans qu'on sache ce que valent tous les détails de cette exposition.

Voici encore d'autres garanties données par l'article 4 de la nouvelle loi :

« ART. 4. — L'usage industriel ou commercial d'une récompense comporte l'obligation d'indiquer la nature de la récompense, le titre, soit de l'exposition ou du concours dans lequel elle a été obtenue, soit du corps constitué, établissement public, association ou société qui l'a décernée, et la date à laquelle elle a été accordée. La simple mention, à la suite de l'énonciation d'une récompense, du nom d'une ville, d'une région ou d'un pays, et du millésime de l'exposition ou du concours, est réservée exclusivement aux expositions ou concours organisés, autorisés ou patronnés par le Gouvernement français ou par un gouvernement étranger. »

De plus, la loi permet la transmission des médailles aux successeurs; mais elle demande à ce qu'un état civil de ces récompenses soit établi; en effet, il est dit :

« ART. 5. — Les registres sur lesquels sont mentionnés les enregistrements de palmarès, diplômes ou certificats et les déclarations de cession ou de transmission de fonds de commerce ou de produits, sont communiqués gratuitement ainsi que, le cas échéant, les titres déposés. Toute partie intéressée a le droit de se faire délivrer un état desdits enregistrements et desdites déclarations et une copie des titres déposés. »

Désormais, vous le voyez, messieurs, une enquête sur certaines récompenses présentées au public, sera très facile à faire.

Voyons maintenant la procédure employée en cas de fraude :

« ART. 6. — Devant les tribunaux civils, les actions relatives à l'usage industriel et commercial des récompenses, objet de la présente loi, seront jugées comme matière sommaire. »

« ART. 7. — Toute personne lésée par un fait constituant une infraction à la présente loi est en droit de faire procéder par tout huissier de son choix à la description détaillée, avec ou sans saisie, des objets faisant preuve de ladite infraction, en vertu de l'ordonnance du président du tribunal civil de première instance ou du juge de paix du canton, à défaut de tribunal dans le lieu où se trouvent les objets à saisir ou à décrire.

» L'ordonnance est rendue sur simple requête. Elle contient, s'il y a lieu, la nomination d'un expert pour aider l'huissier dans sa description. Lorsque la saisie est requise, le juge peut exiger du requérant un cautionnement, qu'il sera tenu de consigner avant de faire procéder à la saisie. Il est laissé copie au détenteur des objets décrits ou saisis par l'ordonnance, ou de l'acte constatant le dépôt du cautionnement, le cas échéant, le tout à peine de nullité et de dommages-intérêts contre l'huissier. »

Quelles sont enfin les peines infligées?

« ART. 9. — Seront punis d'une amende de 50 francs à 6.000 francs, et d'un emprisonnement de trois mois à deux ans, ou de l'une de ces deux peines seulement :

» 1° Ceux qui, sans droit et frauduleusement, se seront attribué les récompenses, objet de la présente loi, ou s'en seront attribué d'imaginaires, par apposition sur leurs produits, enseignes, annonces, prospectus, lettres, papiers de commerce, emballages ou de toute autre manière,

» 2° Ceux qui, dans les mêmes conditions, les auront appliquées à d'autres objets que ceux pour lesquels elles avaient été obtenues ;

» 3° Ceux qui, dans les mêmes conditions, s'en seront prévalus auprès des jurys des expositions ou concours ;

» 4° Ceux qui, par un artifice quelconque, mention captieuse ou signe figuratif reproduisant plus ou moins exactement l'aspect conventionnel d'une médaille, auront tenté d'induire le public à croire qu'ils ont obtenu une récompense qui, en fait, ne leur a pas été attribuée.

» 5° Ceux qui auront fait un usage industriel ou commercial de récompenses autres que celles prévues à l'article premier de la présente loi :

» 6° Ceux qui se seront indûment prévalus à l'occasion d'une exposition ou d'un concours, dans des circulaires, prospectus, affiches, diplômes, certificats, palmarès, ou de toute autre manière, de l'autorisation ou du patronage d'un ministre ou de toute autre autorité ou administration publique sans l'avoir préalablement obtenu ou qui auront fait figurer sur leurs documents, des titres, devises, vignettes, armes, armoiries, ou tous autres signes ou mentions de nature à faire croire à cette autorisation ou à ce patronage. »

ART. 10. — Sont punis d'une amende *de 50 à 3.000 francs* :

» 1° Ceux qui auront fait usage industriel ou commercial d'une récompense sans se conformer aux conditions prescrites par les articles 2, 3, 4 ;

» 2° Ceux qui auront présenté aux magistrats et aux fonctionnaires qualifiés à cet effet, un diplôme ou certificat relatif à une récompense prévue à l'article premier de la présente loi, pour en faire légaliser les signatures, sans avoir justifié de l'enregistrement préalable à l'Office national de la propriété industrielle, soit du diplôme ou certificat mentionnant ladite récompense. »

« ART. 11. — Les tribunaux peuvent prononcer la publication et l'affichage de leurs jugements, aux frais du condamné; ils peuvent prononcer la destruction des mentions, indications, effigies ou représentations contraires à la présente loi. »

« ART. 12. — L'article 463 du Code pénal est applicable aux délits prévus et punis par la présente loi. »

Cela signifie que les pénalités seront considérablement atténuées dans la pratique. Cependant elles seront suffisantes encore pour faire cesser les abus dont tout le monde se plaignait ; en particulier celui qui consistait à faire légaliser des mentions et des diplômes sans valeur aucune et de tromper ainsi la clientèle qui était saisie d'admiration devant de nombreuses signatures officielles.

L'article 13 prévoit l'établissement d'un règlement d'administration publique qui déterminera les formalités et conditions de l'enregistrement des palmarès, diplômes et certificats ; des déclarations de cession ou de transmission de fonds de commerce ou d'un produit, prévues à l'article 3, et de toutes les mesures nécessaires pour l'application de la loi. Il fixera en outre les taxes à percevoir par le Conservatoire des Arts et Métiers pour le service de l'Office national de la propriété industrielle, à raison de l'enregistrement des palmarès, etc. Les administrations publiques de droit sont exemptes du paiement desdites taxes.

De plus, l'article 14 dit que des règlements d'administration publique détermineront les conditions dans lesquelles la présente loi sera applicable à l'Algérie et aux colonies.

Il y a enfin des dispositions transitoires qui font l'objet du dernier article.

« ART. 15. — La présente loi entrera en vigueur six mois après la publication du règlement d'administration publique prévu à l'article 13.

» A dater de cette époque, la loi du 30 avril 1886, et toutes les dispositions de loi contraires à la présente loi, cesseront d'être en vigueur. Les dispositions de la présente loi seront applicables aux récompenses attribuées antérieurement à sa mise en vigueur, mais aucun enregistrement n'est imposé aux titulaires ou à leurs ayants cause pour les récompenses visées aux alinéas 1 et 2 de l'article premier (c'est-à-dire obtenues dans les expositions du Gouvernement français ou des gouvernements étrangers».

Les administrations intéressées seules sont tenues de faire enregistrer à l'Office national de la propriété industrielle les palmarès desdites récompenses. En ce qui concerne les autres récompenses visées à l'alinéa numéroté 3 de l'article premier (décernées par des corps constitués ou par des associations), les titulaires ou leurs ayants cause ne sont pas tenus de procéder à l'enregistrement des diplômes ; toutefois, en cas de cession ou de transmission de fonds opérée postérieurement à la mise de vigueur de la présente loi, les intéressés qui voudront faire un usage industriel ou commercial desdites récompenses, devront les faire enregistrer, conformément aux dispositions de l'article 2, et effectuer la déclaration prévue au paragraphe final de l'article 3. »

Voilà un aperçu de la loi, vous voyez qu'elle donne satisfaction à ceux qui sont lésés par la réclame faite par vos concurrents grâce à des récompenses dont la valeur est discutable. Vous aurez, dans les registres de l'Office national, tous les moyens de contrôle, et dans la loi, des pénalités assez graves pour assurer la répression de la fraude.

M. NADAR — Je vous demande pardon, cher maître, mais il est une question que je veux éclaircir, parce qu'elle nous a été posée bien des fois à la Chambre syndicale. Quelle est, à l'heure actuelle, la procédure à suivre pour attaquer un concurrent qui fait abus de ces récompenses?

M. TAILLEFER. — Actuellement, vous ne pouvez user que de la loi du 30 avril 1886 qui est encore en vigueur. Elle demande de préciser sur le diplôme la qualification de la récompense, de la médaille, du produit qui a été récompensé, et alors, les gens qui se contentent de mettre sur leurs factures, leurs pros pectus, leurs papiers d'affaire, cette mention : « nombreuses récompenses ou médailles aux expositions », sans qualifier ni la nature des médailles, ni celle des expositions, ne sont pas en accord avec la loi. Si vous constatez qu'un concurrent mette par exemple sur ses papiers « médaille à l'Exposition de 1900 », et que par la liste des récompenses de cette Exposition, par son palmarès vous puissiez prouver que cela est inexact, alors, vous êtes en droit d'attaquer de suite ce concurrent en police correctionnelle. Et il sera condamné.

M. Nadar. — La Chambre syndicale ne peut pas intervenir?

M. Taillefer. — Je n'oserais lui conseiller d'intervenir directement, car la tendance est de permettre aux syndicats d'intervenir au nom de l'intérêt général seulement, et souvent encore on objecte à ces syndicats : « Dans votre réclamation, vous ne justifiez pas encore suffisamment d'un intérêt collectif, mais, ce qui semble vous pousser, c'est surtout l'intérêt de telle ou telle personne ou de telle et telle catégorie. » En tous cas, la Chambre syndicale pourrait se joindre à une action intentée par un photographe contre un concurrent déloyal qui ferait état de récompenses n'entrant pas dans la catégorie citée dans la loi.

La jurisprudence accepte actuellement que les syndicats, peuvent intervenir en matière de fraude, il devrait en être de même en ce qui concerne les récompenses et tout fait prévoir que l'avenir est à l'intervention des syndicats, directement. Cette intervention sera facilitée lorsque la loi de 1857 sur les marques aura été revisée en ce qui concerne les marques collectives.

M. Taillefer. — Messieurs, la deuxième question que j'ai à examiner avec vous aujourd'hui est celle concernant : « la photographie et sa protection légale; la situation des photographes en France et dans les autres pays; ce qui a été fait, ce qui reste à faire. »

C'est un sujet très vaste et qu'il serait impossible de traiter en Congrès si l'on voulait entrer dans tous les détails. Mais, j'ai l'intention de ne vous en montrer que les côtés importants, et de marquer les grandes lignes, en insistant surtout sur ce qui a été fait depuis notre dernier Congrès. A une époque concomitante de notre dernier Congrès, il y eut une revision importante de la Convention de Berne qui eut lieu à Berlin en 1908. Acceptée par les différents états, la Convention revisée est actuellement en vigueur. Au point de vue de la photographie, la Convention initiale de 1886 laissait la photographie dans l'antichambre; elle ne la mentionnait que pour dire que les différents pays contractants la protégeraient dans les limites où les lois nationales de chaque pays la protégeaient déjà chez eux. En somme la Convention s'était refusée à mentionner la photographie parmi les œuvres d'art protégées. La Convention de 1908 a amélioré cette situation. Elle a fait pour la photographie une convention spéciale, la protégeant seulement dans les limites des lois nationales, mais rendant cette protection obligatoire c'est-à-dire que les différents contractants doivent, par leurs lois nationales, organiser la protection de la photographie à l'étranger : la protection devient obligatoire, mais reste soumise aux modalités des lois nationales, sans qu'il y ait une marche progressive vers l'unification. Nous sommes donc toujours en présence d'une disposition mosaïque, si je peux parler ainsi, assez disparate. Espérons qu'on fera mieux dans l'avenir. En dehors de la Convention de 1886 revisée en 1908, je dois donc me borner, en ce moment, à vous indiquer quelles sont les lois spéciales récemment promulguées dans les différents états.

Une loi intéressante est à signaler, c'est en Chine qu'il faut aller la chercher.

La Chine vient, à la date du 18 décembre 1910 de promulguer une loi sur la protection des œuvres littéraires et artistiques. Dans l'énumération de ces œuvres protégées, figure la photographie. Quelle sera l'efficacité protectrice de cette loi? Etant donnés les récents événements chinois, il est permis de douter de son utilité pratique. La photographie y fait un peu classe à part: on exige l'enregistrement spécial de l'œuvre; la protection est de dix ans: elle ne s'applique pas aux œuvres photographiques insérées dans des écrits, dans des livres, dans les illustrés qui suivent les règles applicables aux livres et objets d'art. Les peines infligées pour infractions varient de 40 à 400 dollars, plus des dommages et intérêts. Je vous la mentionne pour vous montrer que la Chine au moins théoriquement vous protège pendant dix ans.

Je trouve après cela une loi récente en Danemarck, loi du 13 mai 1911, loi spéciale sur les travaux photographiques. La protection est de dix ans, à dater de la création, après déclaration. Toutes les fois que la protection se trouve limitée à une durée limitée à partir de la création, il y a nécessairement une formalité de dépôt. Par suite, il y a obligation de mentionner la date du dépôt sur tous les exemplaires édités. Il faut une mention de réserve, le nom du photographe. Les amendes consistent entre 20 et 1.000 couronnes plus des dommages et intérêts. Quelquefois, de plus, le procès aboutit à une confiscation, et, le demandeur, s'il le désire, obtient dans certaines conditions la remise de tous les objets qui ont donné lieu à ce procès.

La loi indique que le dépôt de la plainte pour contrefaçon doit avoir lieu dans le délai de un an et un jour: la loi s'applique aux œuvres étrangères sous condition de réciprocité. Etant donné que nous protégeons les Danois, il est certain que nous pourrions obtenir protection au Danemarck, à condition que nous observions la loi en ce qui concerne le dépôt.

Je dois mentionner la loi des Etats-Unis, datée du 24 août 1892 qui est modifiée par une loi du 4 mars 1909. Elle protège d'une façon assez large les photographies, car la photographie est assimilée aux œuvres artistiques: la protection s'étend à vingt-huit ans après la première publication. Cette loi exige aussi l'enregistrement, le dépôt doit être fait dans un certain délai, avant toute mise en marche de l'appareil judiciaire. La loi limite les peines à 200 dollars lorsqu'il s'agit d'œuvres photographiques ordinaires en cas de reproduction par un journal de la photographie protégée; à 100 dollars s'il s'agit d'une œuvre cinématographique représentant une scène publique non dramatisée; au contraire, la peine atteint jusqu'à 5.000 dollars de pénalité pour œuvres cinématographiques dramatisées ou dramatico-musicales.

Il faut que la photographie porte la mention de réserve qui consiste en un rond au milieu duquel il y a un mot ou une initiale qui signifie « interdit ».

En Italie, je n'ai pas à vous signaler de loi nouvelle, c'est toujours l'ancien régime de protection: cependant je dois dire qu'une revision de la loi de 1882 est à l'étude en ce moment. Il paraît que les projets de réforme viseraient à l'assimilation de la photographie aux autres œuvres artistiques et littéraires, sans obligation. Il faut se réjouir de cela car c'est un des très rares pays où l'on songe à faire l'assimilation complète.

En Norwège, nous avons une loi du 11 mai 1909, qui comporte dix-neuf articles; elle protège la photographie d'une façon plus libérale que les autres lois scandinaves contemporaines. Elle assure la protection pendant toute la vie de l'auteur, et quinze ans après sa mort. Ce serait une des lois qui nous donnerait le plus de satisfaction : toutes les photographies doivent porter la mention « droit exclusif » et le nom de l'ayant droit.

L'action doit être intentée dans l'année où a lieu, ou plutôt où l'intéressé a connaissance de la reproduction de son œuvre. La prescription du délit est de deux ans; la réciprocité est prévue.

En Russie, il y a la loi du 20 mars 1911 concernant les droits d'auteur et qui vise la photographie au chapitre 6. Elle est protégée pendant dix ans, et pendant vingt-cinq ans s'il s'agit d'un recueil ayant un caractère artistique. Il y a obligation de dépôt, et sur chaque exemplaire doit figurer la raison sociale, le nom et le prénom de l'auteur, l'année de publication de l'œuvre. Toutes les lois à protection limitée sont, je le répète, obligées de recourir à ce procédé. Par les différents procès que nous avons eus à soutenir à propos du droit d'auteur, nous savons combien il est difficile de mentionner ce nom d'une façon indélébile, car, sur la carte elle-même, il peut être enlevé, et on ne peut cependant pas le placer en pleine photographie, sur le visage du modèle.

En 1911, à la suite de la précédente loi, il a été signé une convention franco-russe pour exercer la protection dans les deux pays et entre les deux pays, cette convention mentionne la photographie et les œuvres obtenues par les procédés photographiques.

En Suisse, je n'ai pas à vous signaler de loi nouvelle; mais dans une assemblée des Photographes suisses en 1911, il a été dit que les rapports adressés aux autorités compétentes au sujet de la protection ont été favorablement accueillis, et qu'il est à penser qu'une amélioration se produira dans la future loi suisse qui est à l'étude actuellement.

Je dois vous dire quelques mots des résolutions prises par le Congrès international tenu à Bruxelles en août 1910.

Il s'est produit à ce Congrès des faits singuliers : les photographes ont demandé une loi spéciale pour la photographie. J'avais été chargé de faire un rapport sur la question; j'avais repris la thèse soutenue ici devant vous, c'est que la seule solution était d'assimiler la photographie aux autres dessins, aux autres modes de reproductions artistiques.

Or, j'ai été très surpris en lisant le compte rendu des séances, mes affaires m'ayant empêché d'y assister, de constater que les photographes avaient émis le vœu de voir une loi spéciale faite en vertu de la photographie. C'est un vœu que je me permets de qualifier de criminel, car rien ne serait plus contraire aux intérêts des photographes, qu'une loi qui aurait pour effet immédiat de limiter leurs droits, de les restreindre.

« La question de la photographie, en matière de protection, est des plus complexes; il y a impossibilité de la solutionner par la seule assimilation de la photographie aux œuvres artistiques », disaient les photographes de Bruxelles.

Toutes les personnes qui sont enchantées de reproduire des œuvres d'après vos clichés diront que l'assimilation aux lois artistiques les gêne; tout au contraire, une loi qui exclura toute une catégorie d'épreuves, limitera étroitement votre droit, vous imposera des obligations gênantes, sera plus commode pour eux.

Pour beaucoup de gens, il y a à établir une division entre les épreuves photographiques : d'un côté, celles qui ont un caractère commercial, d'un autre celles qui sont d'ordre imaginatif. Cette distinction entre les deux genres d'épreuves, c'est une difficulté qui se soulève : on vous dira pour les premières, mais il s'agit d'une représentation humaine, c'est la forme du crâne, c'est la forme du nez que vous avez reproduite, ce n'est pas une œuvre artistique que vous avez produite, ce n'est pas une œuvre imaginative ; et alors c'est la porte ouverte à toutes les difficultés.

Chez les imprimeurs on a été plus franc, par suite plus honnête. Sous l'impulsion de M. Longuet, le congrès des imprimeurs a émis le vœu qu'une loi sur la photographie soit promulguée, en limitant à dix ans la protection. Il y a, comme formalités imposées d'après ce vœu, le dépôt de l'œuvre, l'apposition d'une marque signature sur l'épreuve elle-même. Dans l'intérêt des photographes français, nous devons persister dans l'opinion émise déjà : à savoir, qu'il n'y a pas lieu de faire de distinction entre la photographie et les autres œuvres d'art protégées, et que c'est l'assimilation pure et simple qui doit être demandée par nous. Nous devons nous montrer hostile au vote d'une loi spéciale à la photographie. Nous étions arrivés à d'assez bons résultats au point de vue de la jurisprudence, nous avions en bon nombre de procès favorables à notre cause ; il est à regretter que, sans consulter des gens compétents, des photographes nous aient fait reculer dans ces derniers temps avec des procès qui nous ont été tout à fait défavorables, comme à Toulouse et ailleurs ; je n'ai pas besoin de les relater, vous êtes tous au courant de cette question.

M. X... — Est-ce que les lois de chaque pays ne protègent que les nationaux ?

M. TAILLEFER. — Elles ont un effet international, lorsque les lois du pays de l'auteur assurent la réciprocité. Ainsi, pour prendre un exemple, rien n'empêcherait un Français de se faire protéger en Norwège, car un Norwégien peut se faire protéger en France. Seulement, on est toujours obligé de satisfaire aux lois de la nation dans laquelle on se fait protéger. Le dépôt surtout offre des difficultés très difficiles à surmonter.

Voilà en somme, Messieurs où en est la question ; voilà ce qui a été fait, et, en résumé, ce qui reste à faire, c'est de poursuivre l'assimilation de la photographie aux autres œuvres d'art, mais sans jamais demander chez nous une loi spéciale qui serait un danger pour la photographie. (*Applaudissements.*)

M. FÉLIX. — Messieurs, je crois être votre interprète à tous en remerciant chaleureusement M⁰ Taillefer pour sa causerie vraiment intéressante, et en lui disant que toujours nous suivrons ses bons conseils de sagesse. (*Applaudissements.*)

Je laisse la parole à M⁰ Vaunois qui veut bien nous entretenir des

DROITS D'AUTEUR POUR LES AGRANDISSEMENTS
ET LES REPRODUCTIONS

M⁰ VAUNOIS. — Messieurs, au point de vue juridique, il n'y a pas de différence à établir entre les agrandissements et les reproductions.

L'agrandissement est simplement un cas particulier, la reproduction faite dans un format plus grand que l'original. On ne s'en est occupé à part que par suite d'événements et de circonstances que vous connaissez tous. Mais je dois, examinant ici dans le domaine légal les droits du photographe sur son œuvre, d'abord prendre la question dans son ensemble, d'après les principes les plus généraux.

Il suffit qu'un photographe ait produit un cliché pour que ce photographe soit auteur d'une image, d'une œuvre rattachée à l'art du dessinateur, et par suite pour qu'il possède un droit d'auteur.

Dans les pays étrangers il existe des lois spéciales; chez nous il n'en est pas ainsi, et la jurisprudence applique aux productions photographiques la loi générale de 1793 sur le droit d'auteur, dès que ces productions présentent un caractère d'individualité. Il n'y a pas à distinguer, qu'il s'agisse de scènes composées, de tableaux préparés à l'atelier ou en plein air, de vues, de rues, ou de paysages, de portraits.

Le photographe portraitiste, en France du moins, a donc un droit d'auteur sur son cliché.

Mais cela ne veut pas dire qu'il ait un droit d'auteur absolu et sans limite. Ce cliché donne l'image d'un tiers. Le photographe peut avoir été payé par son client pour la livraison d'épreuves à plein tarif, ou à tarif réduit; il peut même ne pas avoir été payé du tout. Dans tous les cas, d'après les décisions de nos tribunaux, il ne peut se servir du cliché sans l'autorisation du client. Le droit de reproduction appartient à l'auteur photographe mais il ne peut être exercé sans le consentement de la personne représentée.

Le photographe ne peut, par exemple si on le lui interdit, mettre la photographie en montre et s'en servir à titre de réclame.

De même pour la reproduction, l'édition de la photographie. Des motifs de convenance, de moralité et de toute nature peuvent légitimer l'opposition du client. Je puis vous rappeler Alexandre Dumas père qui avait posé dans un atelier avec une jolie femme sur les genoux. Il n'avait rien payé; eh bien! lorsque le photographe mit l'épreuve en circulation dans le public, Alexandre Dumas interdit (moyennant une équitable indemnité) la publication de l'œuvre pour laquelle il avait posé gratuitement.

Je citerai encore le cas suivant : Dans un bal masqué, un photographe était venu faire des clichés, le bal était privé; le photographe n'avait fait payer personne, de ses clichés il fit tirer des cartes postales. Une dame photographiée dans un costume quelconque regretta plus tard de se voir représentée dans ce costume, et elle obtint judiciairement que l'œuvre fût retirée du commerce.

En somme le droit d'auteur est reconnu au photographe, mais avec cette restriction que le photographe doit s'entendre avec son client avant de faire circuler commercialement les épreuves tirées. Si le client s'y oppose, le photographe se trouve en face d'un obstacle invincible.

En face de ce droit de l'auteur, quel est parallèlement le droit du client? Le client a-t-il le droit de faire reproduire l'épreuve qu'il a entre les mains, comme il le veut? Non. La jurisprudence entend la situation du client vis à vis *d'un tiers reproducteur* de la façon suivante :

Un journal veut reproduire les traits d'une personne en vue, d'un membre du Gouvernement, d'un littérateur, d'un auteur quelconque, d'une actrice ou d'un comédien, et l'on sait que tel photographe a fait une épreuve de ce personnage. Que doit faire le reproducteur, le journaliste? Il doit se munir du consentement de la personne représentée, sans quoi pas de reproduction possible. Puis il doit traiter avec l'auteur photographe qui mettra à la reproduction toutes les conditions, pécuniaires ou autres, qu'il désirera. Voilà comment les choses doivent se passer chaque fois qu'il s'agit d'une reproduction commerciale, *destinée au public*. Il importe, pour faciliter les transactions avec les nécessités du journalisme, l'activité des reproductions, le besoin de renseigner le public, la hâte fébrile des communications de presse, il importe qu'un intermédiaire se trouve à point nommé entre les auteurs et les reproducteurs. C'est le rôle de l'agence, si bien tenue au siège de la Chambre syndicale par M. et Mme Gauthier. Sans elle il serait impossible de traiter à temps avec les reproducteurs; il serait impossible de contrôler les journaux et revues qui utilisent des illustrations photographiques. C'est grâce à ce bureau central, à cette agence des auteurs, que tous peuvent tirer profit des divers modes d'exercice de leur droit d'auteur. C'est du reste la meilleure preuve que ce droit d'auteur existe. Il faut, de plus en plus, le faire consacrer par l'usage et vis-à-vis de tous les journaux. Il y a là, non pas une question de gros sous — peu importe la redevance qu'on touchera tout d'abord — mais une question de principe beaucoup plus intéressante au point de vue général et professionnel : la reconnaissance, dans toutes les circonstances possibles, du droit d'auteur du photographe.

Examinons maintenant la reproduction des photographies, commandée non dans un intérêt de commerce et de publicité, *mais en vue de l'usage familial*. La personne qui possède sa photographie ou celle d'un parent veut en faire faire une reproduction par le même procédé que l'original ou par un procédé différent, ou un agrandissement. Elle va chez un artiste qu'elle connaît, et qui n'est pas l'auteur de la photographie, et qui se charge du travail sans en référer à l'auteur du portrait primitif.

L'une des décisions n'a été rendue ni pour, ni contre un photographe : il s'agissait d'un artiste sculpteur. Le problème qui nous occupe dépasse, vous le voyez, les limites de la photographie. Le sculpteur Labatat, prix de Rome, avait fait gratuitement le buste de la jeune fille d'un journaliste; l'œuvre lui avait coûté de l'argent et il n'avait pas été question de reproduction. Pendant le séjour de l'artiste à Rome, le père de la jeune fille fit faire un moulage du buste et en fit reproduire quelques épreuves, remises à des parents et à des amis. A son retour, le sculpteur se plaignit de l'atteinte portée à son droit d'auteur. A mon point de vue, il y était fondé. Le tribunal de la Seine a décidé au contraire, par un jugement du 3 juin 1891, que l'artiste légalement privé du moyen de tirer parti de ses droits faute du consentement de la famille de la jeune fille, n'avait subi aucun préjudice et ne pouvait se plaindre qu'on eût tiré quelques exemplaires du moulage. S'agissant d'un portrait, les tribunaux allèguent les droits de la personne représentée, les usages, le défaut de préjudice, la tolérance commune.

Il en avait été à peu près de même à l'égard du photographe Chalot, lorsqu'il poursuivit divers dessinateurs (Valarcher, Siret, etc.) qui faisaient des agrandissements au crayon, et qui avaient exposé dans la vitrine d'un encadreur un spécimen de leurs dessins à côté des épreuves photographiques. Les juges cette fois ont déclaré qu'« en admettant même le caractère individuel des œuvres de Chalot, les dessinateurs n'avaient emprunté que le côté matériel et mécanique, c'est-à-dire la ressemblance photographique », pour faire une œuvre véritablement nouvelle et d'un caractère différent, qui n'avait d'ailleurs été exposée qu'à titre d'échantillon d'une sorte de travail, sans intention délictueuse ou préjudiciable. Vous voyez quel est l'état d'esprit des magistrats: quand l'auteur se plaint d'une reproduction en épreuve unique (ou à un petit nombre d'épreuves) ils sont disposés à déclarer qu'aucun préjudice ne lui a été causé ; quand la reproduction est destinée à l'usage familial, ils sont du côté du client et du reproducteur et non du côté de l'auteur. Tant que l'agrandissement n'est pas devenu un métier spécial, on restait, sans trop d'inconvénients, sous l'empire de cette jurisprudence. Il en a été ainsi, même quand vous faisiez personnellement tous vos agrandissements et que vous vous adressiez pour cela à des photographes à façon : tant que ces ouvriers qui travaillaient pour le compte d'autres photographes ne sortaient pas de l'ombre, ne se révélaient pas au public, la situation n'avait pas cette acuité que nous constatons maintenant. Mais il en a été autrement, le jour où les agrandisseurs sont devenus des concurrents, et non plus des aides ; le jour où leurs excès ont amené la baisse des prix d'une manière si regrettable pour tous les photographes ; le jour enfin où ils se sont livrés à une publicité annonçant qu'un agrandissement serait offert gratuitement à tous les clients. Les photographes ont dès lors cherché le moyen de poursuivre les industriels qui, s'adressant directement au public, cherchent à monopoliser les agrandissements.

L'action entreprise est-elle légitime ? Peut-on dire que l'agrandisseur fait une édition commerciale qui tombe sous le coup de la loi ? C'est une question de fait ; on ne peut répondre d'une façon absolue ; il faut examiner chacune des circonstances données, chacun des faits incriminés. Un seul conseil s'applique d'une façon générale : lorsque vous voulez poursuivre un agrandisseur, faites-le de manière à ne pas trouver devant vous, à l'audience du tribunal, le client qui a commandé l'agrandissement ; si vous vous heurtez à une famille en deuil, aux amis qui invoquent les liens de l'affection, les consolations du souvenir, vous, photographes, vous risquez d'être perdus si le droit lutte contre le sentiment. À ma connaissance, très peu de jugements ont été rendus en faveur des photographes contre les agrandisseurs.

Le tribunal d'Orléans, le 20 octobre 1911, a donné gain de cause à M. Joseph contre un agrandisseur qui se servait comme moyen de réclame, des épreuves du photographe. Cet agrandisseur s'est laissé condamner par défaut ; aucun client n'est intervenu, aucune discussion n'a eu lieu.

Une autre instance a été suivie dont je n'ai connaissance que par oui-dire. Il y a quelques mois, le syndicat de Rouen a demandé à M. Pierre Petit de se servir de son nom, pour agir contre un agrandisseur de Rouen qui avait commis des excès regrettables. M. Pierre Petit, dont les œuvres avaient été empruntées sans aucune autorisation, a accédé à ce désir et il a appris, par ce même syndicat que le procès avait été gagné. J'en suis heureux pour les photographes de Rouen et pour tous les photographes, en général, mais je le serai encore davantage, quand je posséderai l'extrait du jugement. Il faut savoir dans quelles circonstances le procès a été intenté, sur quelles bases l'instance a été introduite, quels motifs ont été invoqués par le tribunal.

Enfin, troisième procès, troisième jugement, mais fâcheux celui-ci. Cette dernière décision a été provoquée par le syndicat de Castres, et a abouti à un arrêt de la Cour de Toulouse qui a été déplorable passant par-dessus le syndicat et l'agrandisseur, pour la protection légale de tous les photographes. En somme on a eu le tort de ne pas toujours s'entourer de toutes les précautions voulues. Votre droit d'auteur est établi, mais actuellement, vous ne pouvez l'exercer qu'avec beaucoup de prudence, dans certains cas délicats. En raison des difficultés que fait naître le problème des agrandissements, la Chambre syndicale a eu l'ingénieuse idée de chercher à créer une entente entre les photographes. A cet effet, elle a procédé à un *referendum*, pour savoir si tous les membres de la corporation accepteraient de toucher des droits d'auteur sur les reproductions de leurs œuvres, à charge, et réciproquement, d'en acquitter chaque fois qu'ils seraient appelés à reproduire les œuvres de leurs confrères. Par les réponses qui ont été faites à la Chambre syndicale, nous avons pu constater, une fois de plus, qu'on accepte toujours d'avoir des droits (on désire toucher les taxes fixées pour les reproductions) mais on s'entend beaucoup moins sur les obligations; on hésite, en effet, à assumer un devoir qui n'est pas proclamé par tous sans exception. Il est arrivé 131 réponses, subdivisées de la façon suivante :

78 « oui » purs et simples, affirmant pour tous les photographes l'obligation de payer un droit de reproduction;

8 « oui » avec des réserves;

31 « non » purs et simples;

7 « non » avec motifs précis;

7 « non » motivés d'une façon moins nette, mais qui aboutissent tout de même à dire « nous ne voulons pas payer de droits de reproduction ». Si nous calculons la majorité, elle est de 2 contre 1 en faveur du paiement des droits. Les deux tiers de la corporation sont prêts à payer une redevance à l'auteur lorsqu'on leur offrira des reproductions à faire; un tiers s'y refuse.

Si tous ceux qui ont dit « oui », persistent dans leur opinion nous ne tarderons pas à voir quelques-uns des autres s'adjoindre à eux et grossir la masse, il y a lieu d'espérer que les usages iront ainsi s'améliorant.

Quelques uns de vous ont pensé à faire confirmer ces usages, en sollicitant une loi spéciale; sur ce point, j'aurai à redire ce que vous a si bien exprimé M. Taillefer, peut-être avec quelques détails supplémentaires, car il ne pouvait pas insister sur tout. Si nous sollicitons en France une loi sur la photographie, on l'accordera, c'est possible, mais probablement en garantissant aux photographes, moins de droits qu'aux artistes; on restreindra la durée de protection, on établira des formalités de dépôt, de signature, d'enregistrement; on exigera des signes apposés sur les photographies, les photographes risqueront de perdre certains des droits qu'ils possèdent maintenant.

J'ai été frappé par ce fait qu'autrefois, aucune loi ne la réglant, la situation était très bonne au point de vue droits d'auteur, entre la France et l'Angleterre; nos photographes pouvaient toucher des redevances en Grande-Bretagne, et notre agence des auteurs par contre, versait des droits aux auteurs anglais. Il s'était établi entre les deux pays, des usages vraiment bons et cordiaux. Mais, en décembre 1911, une loi sur le copyright a été promulguée en Angleterre. Je me demande si les photographes y gagneront. Il y est précisé, en effet, que lorsqu'il s'agit d'un portrait sur commande payée, c'est l'auteur de la commande seul, qui a tous les droits de reproduction; par conséquent le photographe n'aura plus la possibilité de réclamer de droits d'auteur. Il y a là une situation que je trouve fâcheuse et injuste, en tous cas, je crains que de même, en France, la promulgation d'une loi spéciale ne soit dangereuse pour les portraitistes.

Je termine en vous répétant qu'en principe le droit d'auteur du photographe existe en France, mais, sur certains points, il est encore quelque peu chancelant. Laissons au temps et à la doctrine le soin de la consolider, sans intervention législative. Il ne faut pas le tuer, sous prétexte de lui donner plus de force. *(Applaudissements.)*

M. Félix. — Messieurs, en remerciant Me Vaunois, je crois, pour mettre en pratique son dernier conseil, qu'il ne serait pas prudent de voter un ordre du jour quelconque; avec Me Vaunois, je constate que nous sommes toujours disposés à faire respecter nos droits en demandant qu'on nous paie nos reproductions, mais que nous reculons devant le même devoir à accomplir envers les collègues dont nous reproduisons les œuvres. J'espère que notre Congrès aura une répercussion sur cette question et que peu à peu, sans aucune loi, nous ferons établir entre nous l'usage d'acquitter des droits de reproduction.

M. Bras. — Je crois que, pour créer des précédents en notre faveur dans la jurisprudence, le mieux serait de savoir choisir nos avocats, comme dans toute maladie grave, c'est presque s'assurer de la guérison que de choisir un bon médecin. Or, avocat et médecin ont chacun leur spécialité. Dans nos procès pourquoi nous adresser à des gens qui ont certes beaucoup d'éloquence, de talent mais, qui, pour ainsi dire, ne sont pas du métier lorsqu'il s'agit de discuter des questions intéressant la photographie. A la Chambre syndicale, nous possédons un conseil judiciaire qui connaît à fond la question ainsi que viennent nous le prouver les intéressantes causeries que nous venons d'applaudir; il serait donc bon, chaque fois que nous nous trouverons lésés, de nous adresser à ces avocats qui sont compétents et qui nous sont dévoués. *(Applaudissements.)*

M. Nadar. — Pour appuyer ce que vient de nous dire notre collègue je vous dirai que j'ai soutenu au moins dix procès à cause du droit de reproduction non pour les gros sous, mais pour le principe, ainsi que nous le disait notre sage ami maître Vaunois, et je les ai toujours gagnés, parce que toujours je les ai mis entre les mains de ce même ami. C'est ainsi qu'il y a quelques années, à propos d'un portrait de la princesse de Chimay j'intentai un procès que j'aurais pu croire perdu, parce que tout à coup je me trouvai en présence d'une autorisation écrite de la princesse elle-même; sur le conseil de Me Vaunois j'allai trouver la princesse qui reconnut que cette lettre d'autorisation ne concernait pas mes droits d'auteur qui devaient toujours être respectés par tous. Ayant la cliente avec moi, je gagnai mon procès.

M. Gobce. — Permettez-moi, à l'appui de cette thèse, de vous signaler un fait personnel. Il y a quatre à cinq ans, j'avais intenté un procès à Bordeaux, que je perdis; je remis mon jugement entre les mains de la Chambre syndicale qui communiqua l'affaire à son Conseil judiciaire; ces messieurs m'envoyèrent une critique du jugement si claire, si logique, que je gagnai définitivement mon procès devant la Cour d'appel.

J'ajoute que ce procès était dirigé contre une Société au capital de 32 millions *(Applaudissements.)*

M. Penot. — Moi aussi, je suis venu trouver M. Vallois au sujet d'un procès engagé contre le *Matin*. Or quand je me suis adressé à la Société des Auteurs, on m'a demandé une provision de 150 francs. Or, j'estime que mon procès était bon ou mauvais: bon, on devait m'aider à le faire; mauvais, on devait me conseiller de ne pas le faire.

M. Félix. — Il y a une chose dangereuse, c'est de mêler les questions, la Société des Auteurs n'est pas la Chambre syndicale, pas plus que la Chambre syndicale n'est la Société des Auteurs.

M. Nadar. — Un mot seulement pour dire qu'il y a un principe fondamental à la Société des Auteurs : nous ne disposons pas de fonds, on fait difficilement face aux dépenses. Nous ne pouvons donc pas avancer la première mise de fonds en cas de procès.

M. Bras. — Je demande qu'aucune décision ne soit prise avant d'avoir consulté notre Conseil judiciaire dont nous suivrons les avis sur tous les points, parce que nous avons en lui une confiance que légitiment ses œuvres et le talent de tous ses membres dont la devise semble être : dévouement à la Corporation photographique.

M. Félix. — Je crois que l'avis du Conseil judiciaire est toujours nécessaire en toutes choses. M. Bras a fait en très peu de mots l'éloge complet de notre excellent Conseil. Je ne puis que vous demander un vote de remerciements à tous les membres qui le composent (*Applaudissements prolongés.*)

Par acclamations, vous avez voté vos remerciements à notre Conseil judiciaire, et ce n'est que justice, car il est toujours sur la brèche.

M. Félix. — Je donne la parole à la Société Franco-Américaine au sujet de l'entente entre annonciers.

LA PHOTOGRAPHIE PROFESSIONNELLE
ET LA PUBLICITÉ DANS LA PRESSE PHOTOGRAPHIQUE

M. Hildebrand. — Parmi les questions touchant la concurrence déloyale, la Chambre classe au premier rang certaines publicités dans la presse photographique.

Ayant l'honneur d'avoir été désigné comme rapporteur de la question, je vous demanderai la permission de vous rappeler brièvement les inconvénients les plus marquants qui se sont fait jour, et de vous soumettre quelques propositions qui nous paraissent renfermer des remèdes possibles.

L'évolution rapide de la publicité dans les journaux photographiques n'a pu se faire sans créer parallèlement des abus dommageables à notre profession. Ceci explique la naissance et le développement d'une publicité pratiquant systématiquement l'avilissement des prix non pas, comme cela s'est vu, d'une catégorie, mais de toutes les catégories de travaux photographiques à commencer par le tirage d'épreuves et du simili-émail jusqu'au charbon et à la peinture à l'huile.

Pour peu que vous lisiez les journaux s'adressant particulièrement aux amateurs, vous avez pu constater que des annonces d'importance inaccoutumée informent inlassablement le public non professionnel que les agrandissements ne valent plus que quinze sous et l'encadrement pas beaucoup plus cher.

Vous vous rendez compte de la déconsidération pour l'ensemble des travaux photographiques qui en résulte. Il se poursuit ainsi une fausse mais incessante éducation du public amateur, qui parfois ose venir vous trouver jusque dans vos ateliers et demander l'application des prix qui lui ont été ainsi révélés.

Y a-t-il des remèdes à cet état de choses ? Nous pensons que oui ! Les propositions que nous allons vous soumettre porteront un caractère de « self défense » ce qui en bon français peut se traduire par « aide-toi et Dieu t'aidera ». Nous ne croyons pas à l'aide venant d'autrui, tandis que les mesures que vous voudrez appliquer de votre propre autorité auront des chances de réussir. Nous allons grouper nos propositions en mesures individuelles, syndicales et générales.

Mesures individuelles.

Chaque photographe se fait défense absolue d'adresser des commandes aux agrandisseurs et maisons d'encadrement dont les annonces indiquent des prix. Cette mesure, je crois pouvoir l'affirmer, trouvera l'approbation de tous les agrandisseurs et encadreurs sérieux.

Mesures syndicales.

Les syndicats pourraient adopter des mesures semblables. Ils seraient à même de leur donner une très grande force par la propagande méthodique et à condition de leur laisser un caractère de simplicité.

En outre les syndicats de Paris et de province pourraient envisager la création d'une section de presse avec mission de surveiller la publicité photographique et avec mandat de mettre en mouvement tous les moyens légaux pour obtenir des journaux la suppression des annonces d'ordre nuisible.

Mesures générales.

La meilleure mesure générale pour faire cesser la course folle aux annonces à vil prix nous paraît être *une union entre annonciers*. Je vous demande la permission de vous lire à ce sujet une note que j'ai adressée il y a trois semaines à un nombre limité d'annonciers et dont les réponses laissaient entrevoir la possibilité d'une entente. D'ores et déjà cette union paraît viable et le poids matériel de ses décisions pourra se muer en faveur des réformes envisagées.

Lecture de la lettre du 24 octobre :

« MONSIEUR.

» En votre qualité d'annoncier dans les journaux photographiques vous avez sans doute remarqué l'importance croissante de certaines annonces offrant l'agrandissement et l'encadrement au prix coûtant.

» Selon l'avis des spécialistes, ces prix, même pratiqués entre gens du métier, sont incompatibles avec une fourniture sérieuse.

» A plus forte raison leur vulgarisation périodique dans les journaux photographiques à clientèle d'amateur et particulière équivaut à de véritables coups de massue portés non pas seulement aux spécialités intéressées, mais à la photographie tout entière.

» Cette affirmation n'a rien d'exagéré ! En la formulant, nous pensons bien moins au préjudice immédiat dont les photographes et encadreurs peuvent avoir à se plaindre, ne pouvant de moins en moins vendre leur articles avec un bénéfice légitime.

» Ce dommage, quoique grand, n'est rien comparé au préjudice moral porté aux corporations des photographes et d'encadreurs. Dévoiler les prix coûtants et les offrir au public, c'est tuer la poule aux œufs d'or, c'est encourager les amateurs à faire œuvre de professionnels non patentés, c'est fonder de véritables pépinières de courtiers, c'est inciter les commerçants à concurrencer les professionnels, c'est enfin crier à tue-tête et partout que l'agrandissement ne valant que

quinze sous et le cadre vingt-neuf, on peut vendre des agrandissements tout enca-
drés à 4 fr. 40 c., et avec ça gagner 50 0/0.

» Vous, Monsieur, et nous autres professionnels nous rions de ces chiffres,
mais le public les considère comme possibles et l'amateur ignorant comme acquis.
Le dommage que font ces annonces et la déconsidération qui en résulte pour
notre métier d'art sont manifestes.

» Dès lors, on peut se demander, est-il bon, est-il nécessaire que l'on se taise,
que l'on assiste les bras croisés en spectateurs à une lutte qui a pour enjeu la
bonne renommée de la photographie ainsi que l'existence de quelques centaines
de petits photographes et encadreurs et qui aboutira à quoi ? même pas à enrichir les lecteurs !

» La Chambre syndicale de la photographie française, la Chambre des négociants en photographie à Paris et la nouvelle Fédération de Lyon se sont sans
doute déjà occupées de la question des annonces à prix dérisoires.

» Leurs présidents voudront certainement s'y intéresser encore et apporter
leur précieux concours à la bonne cause. Mais en attendant il faudrait arriver
rapidement à quelque mesure utile.

» Cette mesure, nous allons vous la proposer, Monsieur, elle est simple et
ne comporte aucun risque. Et si réellement vous désirez apporter votre bonne
volonté à l'œuvre de protection nécessaire à la photographie professionnelle,
vous n'hésiterez pas à nous envoyer votre adhésion. Si aujourd'hui on avilit les
prix des agrandissements et cadres, c'était hier le tour des fonds photographiques,
papiers et plaques, et demain peut être celui de l'optique ou tout autre article.

» Nous vous proposons donc de créer une *union entre annonciers des journaux
photographiques français*. Cette union n'aurait d'autre but que de faire « la
« police » des journaux, c'est-à-dire de veiller à ce que la partie « annonce » ne
soit pas livrée au bon plaisir de qui veut bien en abuser.

» Cette police manquant, la conscience des directeurs des journaux (nous le
croyons à leur honneur) doit être fréquemment le théâtre de luttes entre l'al-
truisme et l'intérêt. Que l'intérêt l'emporte, qui leur en voudrait?

» *Mais l'union entre annonciers*, une fois établie, pèserait avec tout son poids
en faveur des bons sentiments des directeurs de journaux. Et si seulement *vingt
annonciers réguliers* exprimaient leurs vœux d'une manière énergique, on aurait
vite obtenu satisfaction.

» Le règlement de l'union entre annonciers pourrait être fort simple.

» Dans l'attente de vous lire, veuillez agréer, Monsieur, l'expression de nos
sentiments très distingués. »

M. X... — Je me demande ce que la Société franco-américaine vient faire
aujourd'hui ici?

M. FÉLIX. — A l'heure actuelle, nous sommes en Congrès de la photographie et de ses applications, et toutes les questions qui sont relatives à la photographie peuvent être traitées ici. Or, la Société franco-américaine m'avait com-
muniqué la lettre que vous venez de faire lire à M. Hildebrand. Devant l'intérêt
que présentait la question, j'ai demandé au Comité d'organisation du Congrès
de vouloir bien la porter à l'ordre du jour, et j'ai prié la Société de se faire représenter. Vous savez tous combien les annonces d'avilissement des prix attirent la
clientèle chez nos concurrents. Supprimer l'annonce, ce serait essayer de supprimer le mal. Je crois que nous pourrions préconiser l'entente entre tous les annon-

ciers professionnels qui examineraient ce qu'il y a à faire. Pour cela, je leur offre de les réunir au siège de la Chambre syndicale sous ma présidence. Espérons que nous y trouverons le moyen d'empêcher que l'annonce des portraits ou des agrandissements faits gratuitement ne continue à nous faire une concurrence désastreuse et contribue à la néfaste baisse des prix.

(Adopté à l'unanimité moins la voix de M. Panajou.)

M. FÉLIX. — Je donne la parole à M. Arlaud, de Lyon, sur

L'ENSEIGNEMENT PROFESSIONNEL EN FRANCE
ET A L'ÉTRANGER

M. ARLAUD. — Je vais, aussi rapidement que possible, étudier avec vous, Messieurs, la question qui est une des plus importantes pour nous tous, puisqu'elle concerne nos collaborateurs journaliers, c'est-à-dire nos employés. Un fait est regrettable en France : alors qu'à l'étranger, il y a quantité d'écoles professionnelles formant d'excellents employés photographes, connaissant bien leur métier, dans notre pays, nulle école privée ou publique ne donne à nos jeunes gens cette instruction technique que tous les autres gouvernements ont établie, ainsi que va le prouver le rapport très documenté qui va vous être présenté tout à l'heure par M. Gerschel.

L'étude de la création d'une école de photographie s'impose à l'heure actuelle, car, depuis quelques années, notre corporation a subi plusieurs changements dans ses méthodes de travail. Nous ne sommes plus au temps du collodion ; nous avons renoncé peu à peu à l'uniformité de la production photographique, et, parallèlement, depuis quelques années, la lutte pour la vie, pour l'existence est devenue de plus en plus difficile. Avec cela, tout le monde se croit photographe à notre époque ; quand on a raté cinq ou six vocations, on croit se sauver et devenir un artiste en s'établissant photographe. Cela fait que la profession s'est encombrée d'un tas de non-valeurs à l'époque où le public, la clientèle, réclament et exigent des œuvres artistiques à grands cris. Cet état de choses nous a forcés, d'une part, à nous défendre contre les concurrents non professionnels ou professionnels d'occasion, et d'autre part, à rechercher des procédés nouveaux, des méthodes nouvelles. Il s'est produit ceci : c'est que deux catégories de photographes se sont trouvées en face de la clientèle : d'un côté, le photographe qui fait bon marché, et qui livre un travail très peu artistique, et de l'autre côté, la catégorie des photographes plus sérieux, qui, après des études, peuvent travailler d'une façon soignée et artistique et qui, par conséquent, ne consentent pas volontiers à l'abaissement des prix. Messieurs, aujourd'hui je vous engage à vous mettre tous du côté de la seconde, c'est-à-dire du côté des photographes qui font payer cher un travail soigné ; c'est le seul et le plus sûr moyen de continuer à vivre en faisant un travail intéressant et qui nous réhabilite à nos propres yeux. *(Applaudissements.)*

C'est le système, qui consiste à faire payer le client pour arriver à livrer quelque chose d'irréprochable, c'est le système qui fera du photographe autre chose qu'un commerçant assimilable au marchand de moutarde, qui en fera ce que nous devrions tous rêver d'être, c'est-à-dire un artiste. *(Applaudissements.)*

Et ne croyez pas que viser à la perfection artistique va diminuer le chiffre de vos affaires : j'en parle par expérience. Autrefois, à Lyon, comme à Genève, j'étais un peu flottant pour savoir quelle était la meilleure méthode à adopter : le bon marché avec le travail ordinaire, ou le travail soigné avec les prix élevés? De Genève j'ai fait un voyage en France, et, ensuite, j'ai transformé en dix jours mon atelier de Genève: j'ai sorti les fonds peints, j'ai fait de mon atelier une imitation de salon, j'ai désiré que ma clientèle pût se croire encore un peu chez elle, dans son milieu (que je voulais riche), en venant dans cet atelier. Eh bien, le résultat de cette transformation ne s'est pas fait attendre, et au bout de quelques mois, j'ai vu venir chez moi des gens fortunés qui ne regardent pas au prix pour être représentés convenablement, artistiquement, sur la photographie qu'ils commandent.

Il faut agir suivant l'ambiance, ainsi à Lyon, il faut transformer en se souvenant qu'on se trouve en présence d'esprits conservateurs. Mais, cela ne fait rien, en tenant compte de l'esprit de chaque localité, on peut arriver à faire adopter la manière américaine, qui réussit toujours et qui ne nécessite pas beaucoup de frais. Cependant, elle est plus coûteuse que la manière ancienne des fonds peints, c'est un vrai salon que nous devons aménager; de là vient qu'il nous faut à toute force maintenir les prix, et de là vient aussi que notre employé, notre collaborateur immédiat, doit être autre chose qu'un simple retoucheur de plaques. Il faut que la clientèle se sente chez elle, dans un milieu où elle retrouve le goût, le luxe auquel elle est habituée, et il faut aussi qu'elle ait sous les yeux des travaux d'artistes, et non plus la photographie des anciens jours.

De même, l'emploi des matières premières doit être plus surveillé; le photographe qui travaille bon marché travaille uniformément avec du bromure. Je ne veux pas dire du mal du bromure, mais je crois que d'une façon générale, nous serons obligés, si nous voulons faire mieux, si nous voulons faire bien et très bien, de changer nos matières premières, et là encore, nous serons tributaires de l'étranger.

Cependant, il faut le reconnaitre, il s'est fait de très grands progrès, ces derniers temps, dans notre fabrication française des produits photographiques, et sous peu, nos grandes maisons rivaliseront avec les maisons américaines et anglaises. Et cela arrivera d'autant plus vite si les fabricants se trouvent encouragés par les photographes, s'ils constatent que la façon de travailler de ceux-ci tend de plus en plus à devenir artistique. Nous arriverons ainsi à travailler avec des produits français, ce qui aura le double but de nous éviter des droits et de contribuer, dans la mesure de nos moyens, à la prospérité de l'industrie nationale. *(Applaudissements.)*

Après, ou plutôt, parallèlement aux questions de produits, se pose la question très délicate et importante des employés. Depuis que je suis à Lyon, j'ai entendu les récriminations de tous mes employés, me reprochant de mettre mon nez partout; ils ont été très vexés quand je leur ai prouvé qu'ils ne savaient pas travailler, tant en ce qui concerne la pose, que pour le développement et la retouche.

Nous devons reconnaitre que le portrait d'art demande des connaissances spéciales. On arrive à diminuer, à supprimer même la retouche, ce qui ne peut se faire que par un parfait éclairage de la plaque et surtout par un très bon développement du cliché (de préférence au pyrogallique, ce qui nécessite très peu de retouche), mais pour faire ce portrait d'art il faut avoir d'excellents collaborateurs. Eh bien, il faut l'avouer, l'employé français n'est pas armé pour ce travail: il connaît son métier mais ne connaît pas le métier artistique; c'est ce qui fait que le patron est obligé de mettre la main à tout. Il y a là une lacune qu'il nous faut combler, car, c'est regrettable, mais c'est réel, les meilleurs ouvriers en photographie d'art, ce sont des employés de nationalité allemande. Nous sommes donc encore, sur ce point, tributaires de l'Allemagne. Ce qui provoque cet état de choses, c'est la question si difficile à résoudre de l'apprentissage. Nous ne pouvons pas faire des apprentis photographes, et cela, souvent à cause des prétentions exagérées des parents. Il y a, à Lyon, quantité de parents qui m'ont proposé leurs enfants, mais qui loin de dire que ces garçons avaient besoin de mes leçons, prétendaient que moi-même je trouverais en eux presque des égaux en connaissances photographiques, parce que les gamins avaient fait quelques photographies d'amateur. Une mère en particulier vint me trouver dernièrement pour me demander de prendre son fils qui savait, disait-elle, tirer, développer, retoucher, tout faire en un mot, et il était fort, tellement fort... que c'était une chose admirable. Je pris le jeune homme, et, il était tellement fort, qu'il me rata des séries de plaques; édifié sur la valeur du phénomène, je dis à la mère qu'il lui faudrait un apprentissage de deux ans au moins avant d'être un collaborateur passable; je fus traité de vampire, et de bien autres choses probablement. Et ce petit fait qui m'est personnel se reproduit tous les jours chez vous, n'est-ce pas, Messieurs?

Et pourtant, Messieurs, moi qui depuis si longtemps déjà manipule la plaque, je reconnais que je ne suis qu'un apprenti, et que ce ne sont pas deux ans, ni trois ans d'apprentissage qu'il faut pour devenir un artiste photographe, mais que ce sont dix ans, vingt ans, la vie entière, car tous les jours nous apprenons quelque chose de nouveau, et parce que toujours il nous restera quelque chose à apprendre. (*Applaudissements.*)

Mes chers collègues, en venant à Paris, j'ai reconnu avec plaisir que ce mouvement progressif, tendant à un art photographique qui nous met sur un pied différent des gâcheurs de papier, qui fait de nous autre chose même que des photographes mécaniques, que ce mouvement se faisait ici de plus en plus sentir. Nous avons des collègues (je ne les nomme pas afin de ne pas blesser leur modestie), qui ont fait peu à peu l'éducation du public, qui commencent à lui faire comprendre que la photographie peut être un art aussi bien que la peinture. Eh bien, partout en France, dans nos grandes villes de province comme dans nos petites localités, ce mouvement il faut le suivre. Il faut le suivre en livrant des épreuves à la gomme, au platine, en supprimant un peu une quantité de détails, en faisant des portraits qui fassent ressortir la personnalité du modèle et ne l'écrasent pas au contraire par des accessoires inutiles et de mauvais goût.

Mais pour cela, nous devons avoir des employés qui puissent nous seconder, nous aider dans notre travail. C'est pourquoi s'impose justement à vous aujourd'hui la question de la création d'une école de photographie en France. Là, on apprendra à *voir*, à lire dans la lumière, à lire l'expression des visages et des choses, car, je l'ai remarqué bien des fois, ce qui manque, c'est de *savoir voir*.

On apprendra à voir dans le portrait autre chose que la représentation des traits, beaucoup de la représentation des physionomies, des expressions, on saura ce qu'il faut prendre et laisser, ce que telle manière de poser donnera comme résultat. Une école de photographie nous apprendra à connaître nos œuvres artistiques les plus célèbres, à copier, à reproduire l'école espagnole, hollandaise, française, à devenir des artistes, en un mot. C'est par cette éducation qu'on arrivera à faire des photographes qui seront quelqu'un; qui connaîtront la technique, la chimie, le dessin, toutes choses qui entrent dans l'art photographique.

Lorsque nous aurons une école semblable, la question des apprentis sera résolue. Nous trouverons toujours des jeunes gens qui seront heureux de venir s'y former, et ce jour-là, nous aurons le premier pas sur les autres pays, nous ne serons plus tributaires de l'Allemagne et de l'Angleterre, de l'Autriche ni de l'Amérique; et la photographie qui est un art vraiment français puisque ce sont deux Français qui en sont les inventeurs, brillera de son plus vif éclat dans la patrie de Niepce et de Daguerre, ce qui augmentera la gloire de ceux-ci tout en nous gardant le renom de peuple intelligent, créateur et propagateur du goût et l'art. *(Applaudissements.)*

Nous sommes plus aptes que quiconque à perfectionner la photographie. Le Français, en général, est plus artiste que l'Allemand; de son fonds, de ses connaissances naturelles, de son adaptation à toutes choses, résultent des conditions favorables à la création et à la réussite de cette école que nous aurons tous à cœur de faire devenir, d'ici quelques années, la première école de photographie du monde entier.

J'espère que nous sortirons de ce Congrès avec une décision prise par l'unanimité de ses membres, de former une école française de photographie, et alors nous en sortirons contents et fiers, car nous aurons fait œuvre corporative, en essayant de relever le niveau de notre corporation jusqu'à l'art, et nous aurons fait œuvre nationale, en essayant de donner au berceau des inventeurs de la photographie tout l'éclat, toute la gloire que les étrangers cherchent à lui ravir. *(Très longs applaudissements.)*

M. NADAR. — Permettez-moi, mon cher collègue, de vous serrer la main et de vous dire à quel point j'ai été enchanté de vous entendre.

M. FÉLIX. — Messieurs, en votre nom à tous, je dis un chaleureux merci à M. Arland de sa petite conférence qui nous a prouvé qu'il y avait, dans un photographe, un intéressant orateur qui dort, mais qui se révèle et se réveille quand on doit faire accomplir un progrès à cette photographie que nous devons tous pousser vers l'art, et, comme nous l'a dit notre collègue, vers la gloire qui lui est réservée de par sa naissance française.

Je donne la parole à M. Gerschel sur la même question des écoles de photographie.

M. GERSCHEL. — Notre confrère et ami Arland vient de vous exprimer très éloquemment les raisons pour lesquelles il nous faut créer une école de photographie.

Permettez-moi, à mon tour, de vous dire quelques mots sur ce qui a été fait à l'étranger à ce sujet.

Je reviens de Munich où, pendant trois jours, j'ai pu suivre, heure par heure, les travaux des élèves; eh bien, j'ai été simplement émerveillé de la façon dont tous ses gens, jeunes garçons et jeunes filles, travaillent, étudient, apprennent. Avant d'entrer dans les détails, je dois tout d'abord rendre un hommage public à M. le professeur Erlich, qui, avec une intelligence, un tact et un savoir sans égal, dirige cette école, et qui m'y a réservé un accueil bienveillant et courtois dont la plus grande partie allait non seulement à la Chambre syndicale et à son délégué, mais témoignait d'une sympathie s'adressant à la photographie française tout entière et à tous les photographes français. Je vous demande donc, messieurs, aujourd'hui, avant de passer à la lecture du rapport sur la création de l'école, d'adresser, par vos applaudissements, nos remerciements publics à M. Erlich. *(Applaudissements prolongés.)*

RAPPORT SUR L'ENSEIGNEMENT PROFESSIONNEL
ÉTAT DE LA QUESTION EN FRANCE ET A L'ÉTRANGER

M. Gerschel. — Messieurs, il y a soixante-treize ans, Daguerre fit hommage à la nation française et au monde civilisé de sa découverte géniale de la photographie.

Vous savez tous quels progrès ont été accomplis dans cet art depuis l'époque héroïque du daguerréotype.

Depuis Daguerre et son illustre collaborateur Niepce, c'est dans notre pays que les principaux perfectionnements ont vu le jour grâce aux Poitevin, aux Blanquart-Evrard, Ducos du Hauron, Charles Cros, Lippmann, les frères Henri et Edouard Belin, Marey, les frères Lumière et tant d'autres encore.

Je ne dois pas oublier de rendre hommage à ces professionnels de la première heure qui surent donner à la science nouvelle ce caractère artistique qui n'a fait qu'augmenter de jour en jour.

Comment se recrutaient les photographes à cette époque?

Il y avait d'anciens peintres, des lithographes, des graveurs, des pharmaciens, même des acteurs et des journalistes.

Le photographe du bon vieux temps était une sorte de sorcier vêtu de costumes bizarres, aux cheveux hirsutes, coiffé d'un béret ou d'une calotte à gland d'or. Il suffisait de posséder un outillage rudimentaire, de couvrir d'une toiture vitrée un balcon ou une terrasse, et les passants montaient les cinq ou six étages.

Puis vint le collodion humide et le procédé sur papier.

Petit à petit les daguerréotypistes acquirent de l'expérience; plusieurs devinrent des artistes.

C'est le Second Empire, l'époque des vaches grasses pour les professionnels.

Des brillants équipages qui prennent la file des boulevards des Italiens et des Capucines, on voit descendre de belles dames à crinoline qui vont commander chez les Disdéri, chez les Nadar, les cartes de visite en vogue à cette époque.

Près de l'avenue de l'Impératrice une simple plaque en marbre invite les passants à voir « l'Exposition des œuvres d'art d'Adam Salomon ».

Chez Goupil la foule admire les premiers grands paysages, et Mayer et Pierson ne peuvent suffire à satisfaire les amateurs de portraits enluminés à la gouache.

Van Monckoven révolutionne la profession par l'invention de la plaque au gélatino-bromure.

Les marchands d'appareils sortent pour ainsi dire de terre.

Les amateurs, peu nombreux à l'époque du collodion, deviennent alors légion ; des sociétés se créent. Eastman lance ses kodaks et ses papiers au bromure.

Chaque jour voit naître un nouveau perfectionnement et aussi un nouvel atelier de photographie.

Des ratés de toutes les professions se ruent à la curée. Les prix s'abaissent, les portraits émaillés à 6 francs la douzaine avec un grand portrait font fureur.

Bientôt les grands magasins et les épiciers s'en mêlent.

Une branche lucrative du métier, les agrandissements, sont gâchés à leur tour.

Les Tanquerey et consorts inondent le monde entier de leurs promesses fallacieuses.

Pendant ce temps quelques amateurs et rares professionnels se sont ressaisis et ont cherché à donner à leurs portraits un aspect moins banal et plus artistique.

Les premières expositions du Photo-Club ont indiqué la marche à suivre.

Les grands progrès accomplis par les procédés photomécanique sont multiplié les applications de la photographie à l'illustration des livres, journaux, catalogues.

La question de la main-d'œuvre commence à se poser.

De tous temps nous avons eu en France une certaine répugnance à former les apprentis.

D'autre part les parents voyaient d'un mauvais œil un métier où il fallait apprendre deux ou trois ans avant d'être sérieusement appointé.

Les jeunes gens de la classe moyenne pourvus d'une bonne instruction primaire préféraient les situations où « l'on gagne de suite ».

D'autre part le métier n'exigeant pas un trop grand capital, la plupart des bons ouvriers de la corporation se sont établis patrons à leur tour.

Nous devinmes donc tributaires de la main-d'œuvre étrangère. De plus en plus : Allemands, Autrichiens, Russes, Roumains, Suisses et Italiens ont pris chez nous les bonnes places qui auraient dû être occupées par nos nationaux.

Les étrangers se placent chez nous d'autant plus facilement que dans leur pays d'origine ils ont appris à fond le métier durant trois ans au moins d'apprentissage et en fréquentant souvent le soir les nombreux cours professionnels qui étaient à leur disposition.

Chez nous non seulement pas d'apprentissage, mais pas l'ombre d'un enseignement professionnel.

Il y a bien à l'école du livre (école Estienne) une soi-disant section de photographie où un contremaître photograveur enseigne à des enfants de quinze ans des procédés de photogravure désuets à l'aide d'un matériel plus désuet encore.

Le résultat est lamentable comme nous avons pu en juger lorsque la Chambre syndicale nous délégua pour suivre les travaux de cette école.

Il y a bien quelques cours du soir organisés par l'Association philotechnique. Ce que ces cours peuvent être dans un simple amphithéâtre, sans atelier et sans laboratoire, vous vous en doutez bien.

Avec une louable persévérance, M. Cousin fait tous les hivers un cours pratique à la Société française de Photographie.

Ce cours convient à des amateurs, tout au plus à des ingénieurs ou des explorateurs, mais on n'y enseigne rien de ce qui est essentiel à un jeune professionnel.

Donc tout est à créer chez nous.

Voyons ce qui a été fait dans d'autres pays pendant ce temps-là.

Autriche.

Le 27 août 1887 s'ouvrit à Vienne l'établissement impérial et royal pour l'enseignement et l'étude des procédés photographiques et photomécaniques. En 1897, on y ajouta une section des industries du livre et des arts graphiques, et l'école prit le titre définitif de *K. K. Graphische Lehr und Versuchanstalt*, c'est-à-dire : école impériale et royale des arts graphiques.

Statut de l'école.

L'école impériale et royale des arts graphiques a pour but d'enseigner les principales branches de la photographie, des procédés photomécaniques et de reproduction, et de rechercher quelles sont les applications de ces différents procédés dans les arts, l'industrie et les sciences.

L'école comporte les quatre sections suivantes :

1° L'école de photographie et des procédés de reproduction ;

2° L'école des arts du livre et des procédés d'illustration ;

3° L'école de photochimie et d'arts graphiques et des divers procédés d'impression ;

4° Les collections.

Le cycle d'enseignement va du 15 septembre au 15 juillet.

Première section. — Photographie et reproduction.

Cinq cours sont établis comme suit :

1° Cours préparatoire et dessin ;

2° Premier cours de photographie et de reproduction et cours professionnel de lithographie et de chémigraphie ;

3° Deuxième cours de photographie et de reproduction ;

4° Cours spécial pour divers procédés de reproduction ;

5° Exercices pratiques pour amateurs (artistes, techniciens, savants, etc.).

Les élèves réguliers sont admis au cours préparatoire à partir de leur quatorzième année, s'ils sont munis de leur certificat d'études primaires.

Sont admis au premier cours de photographie les enfants âgés de quinze ans révolus, munis d'un certificat d'une école préparatoire, d'une école de dessin ou d'une école d'enseignement secondaire, primaire supérieure ou d'un lycée.

Ne sont admis au troisième cours que les élèves ayant fréquenté le premier cours.

Par exception, sont admis dans le troisième cours les jeunes gens qui justifient d'une sérieuse préparation préliminaire. Le nombre des élèves à admettre dans chaque cours est limité.

Selon les places vacantes, les jeunes filles et les jeunes femmes sont admises au même titre que les jeunes gens.

Un certificat est délivré à chaque élève à la fin de chaque semestre.

Résumé du programme des études.

Au cours préparatoire du soir, les élèves apprennent les éléments du dessin (quatre heures par semaine) d'après la bosse et le modèle vivant. Le dessin linéaire (deux heures par semaine), l'histoire naturelle, les éléments de physique et de chimie appliquée à la photographie, l'arithmétique et la comptabilité.

En outre, les élèves les mieux doués au cours préparatoire sont admis à prendre part à certains exercices pratiques de photographie.

Au premier cours, où les classes se font l'après-midi et le soir, on enseigne aux élèves dont beaucoup sont occupés dans la journée, la partie théorique de la profession,

Dessin (six à neuf heures par semaine), effets d'éclairage et éléments d'anatomie, peinture, étude des couleurs et perspective. Chimie photographique, travaux de laboratoire, physique, mécanique, optique et électricité.

Les élèves du premier cours ont le droit de prendre part aux exercices pratiques qui ont lieu durant la journée.

Le deuxième cours comporte surtout l'enseignement pratique qui a lieu le jour.

Le programme comporte la photochimie et la photographie proprement dite : étude des appareils photographiques, procédés négatifs, collodion humide ; gélatino-bromure, tirage à l'argent, au charbon, etc... Éléments de reproductions photomécaniques, microphotographie, agrandissements, etc.

Technique des procédés d'impression et historique, phototypographie, héliogravure, phototypie, etc.

Travaux de laboratoire : dissolutions, cristallisations, traitement des résidus, etc.

Les exercices pratiques de photographie (dix-huit à vingt-deux heures par semaine) comprenant : le portrait, le paysage, les reproductions et les différents procédés photomécaniques.

La retouche photographique, quatre à sept heures par semaine.

Retouche positive et négative ;

Enfin, on fait aux élèves des conférences de législation, d'art : littérature et histoire de l'art, d'hygiène et de comptabilité.

Deuxième section.

La deuxième section comprend trois cours.

Premier cours. — A. — Conférences sur l'histoire de l'imprimerie, la chimie, la physique et la mécanique. Presses et machines, théorie, mise en train. Correction et composition, aperçu de l'histoire de l'art et chimie analytique.

B. — Exercices pratiques : composition, matériel, différentes casses typographiques. Impression sur la presse à bras et les différentes machines. Mise en train des illustrations.

Deuxième cours. — A. — Conférences sur l'art de l'ornement du livre ; physique, chimie, produits, couleurs, encres, vernis, papiers, moteurs à vapeur et électriques.

Stéréotypie, galvanoplastie et tous les modes d'impression. Illustrations en noir et en couleurs. Impression des journaux à plat et par rotatives. Législation.

B. — Travaux pratiques concernant l'exécution des sujets traités théoriquement dans la partie A.

Troisième cours. — Enseignement pratique des divers procédés photoméca niques.

Troisième section.

Institut d'essais pour la photochimie et les procédés photomécaniques.

Cette section a pour but :

A. Examen scientifique de toute question se rattachant à la photographie ou à la photochimie.

B. Examen de nouveaux procédés.

C. Examen d'appareils, de produits, de papiers, encres, émanant de particuliers, des autorités, d'établissements, etc.

Pour l'exécution de ces travaux, l'école perçoit une taxe.

Quatrième section.

Les collections comprennent :

A. Les collections graphiques et la bibliothèque.

B. Les appareils.

Les collections s'enrichissent tous les jours grâce à des dons de particuliers, de syndicats et de sociétés industrielles. Les collections d'objectifs et de machines à imprimer sont très complètes et uniques au monde.

Personnel.

Le personnel comprend : 1 directeur, 32 professeurs, 5 maîtres adjoints, 4 employés, 6 contremaîtres; au total : 48 personnes.

En 1911, l'école comptait :

Première section (photographie et reproduction) :

Cours préparatoire.	77 élèves
Premier cours	265 —
Deuxième cours.	83 —
Total. . . .	425 élèves

Deuxième section (arts graphiques et procédés photomécaniques) :

Premier cours	15 élèves
Deuxième cours	14 —
Total. . . .	29 élèves

Soit un total général de 454 élèves.

École professionnelle de perfectionnement pour apprentis photographes.

Cette école forme une section à part et légalement tous les apprentis photographes de la ville de Vienne doivent y suivre des cours de perfectionnement.

Les études sont divisées en trois classes. Le programme est le suivant :

Première classe. — Histoire naturelle (deux heures par semaine); calcul (deux heures par semaine); dessin appliqué à la photographie (quatre heures par semaine).

Deuxième classe. — Chimie et physique photographiques (trois heures par semaine); calcul (une heure par semaine); dessin (quatre heures par semaine).

Troisième classe. — Les procédés négatifs et positifs (deux heures par semaine); tenue des livres (une heure par semaine : législation (une heure par semaine); dessin et exercices de retouche des agrandissements photographiques (quatre heures par semaine).

Cette école a été fréquentée en 1911-1912 par soixante-huit apprentis photographes. Le corps enseignant comporte dix professeurs parmi lesquels on relève des photographes professionnels, des retoucheurs, des instituteurs, des peintres, un professeur de lycée et un avocat.

Je n'ai rien à ajouter à cette description si ce n'est que tout l'honneur de la si parfaite organisation de cette école modèle revient au directeur, le distingué professeur Joseph-Marie Eder, qui a su grouper autour de lui tout ce que l'Autriche compte d'hommes éminents dans les arts et les sciences se rapportant à la photographie.

Je ne dois pas oublier de féliciter le gouvernement autrichien et la ville de Vienne d'avoir réalisé cette œuvre magnifique qui a rendu et rendra à la photographie des services inestimables.

Il est de mon devoir de remercier le professeur Eder en votre nom à tous de m'avoir facilité la rédaction du présent rapport en mettant à ma disposition un grand nombre de documents écrits et photographiques.

École de Munich.

De toutes les villes d'Allemagne, Munich fut de tous temps celle où les arts graphiques étaient le plus en honneur.

C'est à Munich que Senefelder inventa la lithographie grâce aux pierres de Solenhofen, et c'est à Munich que des maîtres comme Albert Hanfstengl, et Maisenbach ont enrichi le domaine photomécanique de leurs plus importantes découvertes.

En outre Munich a toujours été un centre d'attractions pour les peintres, sculpteurs de toute l'Europe centrale, rien d'étonnant si la photographie y a fleuri également.

Je garde moi-même un souvenir ému à cette ville sympathique où j'ai vécu souvent pendant ma prime jeunesse et où les frères Lutzel m'ont initié aux mystères de l'objectif vers ma vingtième année.

C'est en 1900 que grâce aux efforts de quelques dévoués professionnels les fonds nécessaires pour la fondation de l'école furent réunis à l'aide de tous les membres de la société des photographes de l'Allemagne du Sud d'une part, et d'une subvention du gouvernement bavarois et de la ville de Munich d'autre part.

L'école reçoit encore les subventions du conseil général et de plusieurs chambres de commerce de Bavière.

En outre les gouvernements de Wurtemberg, de Bade, et le ministre d'Alsace-Lorraine ont fondé un certain nombre de bourses à l'école pour leurs nationaux. Plusieurs villes bavaroises ont suivi cet exemple.

L'école porte le nom de : *Lehr u. Versuchsanstalt für photographie chemigra-

— 68 —

phie, *Lichtdruck and Gravure, zu Munchen*, c'est-à-dire : Établissement d'enseignement et de perfectionnement pour photographie, la gravure chimique, la phototypie et la photogravure. A Munich.

Il y a six sections :

Première section. — Consacrée à l'enseignement de la photographie.

Deuxième section. — Enseignement des procédés photomécaniques tels que gravure sur zinc, sur cuivre et procédés des trois couleurs.

Troisième section. — Phototypie et héliogravure.

Quatrième section. — Photographie judiciaire et anthropométrie.

Cinquième section. — Laboratoire d'essais pour les produits et le matériel.

Sixième section. — Les collections.

La durée des études est de deux ans dans la section de photographie, soit quatre semestres ou dix-neuf mois.

Pour la section de zincographie, phototypogravure et procédés en trois couleurs, la durée est de un ou deux semestres, neuf mois et demi.

Dans la troisième section (phototypie et héliogravure) la durée des études est la même que dans la deuxième.

A l'encontre de ce qui se passe à Vienne, les études de chaque section forment un tout complet et un élève inscrit à l'une des sections ne peut suivre les cours que de cette section. Bien entendu après avoir terminé ses études dans une des sections un élève ne peut se faire inscrire dans une autre.

Les élèves hommes sont admis dans la section de photographie à partir de quinze ans, et les élèves femmes à partir de dix-sept ans.

Dans la section photomécanique l'âge d'entrée est au minimum de dix-sept ans.

Le tarif des frais d'études est de 70 marks par semestre pour les élèves allemands et de 200 marks pour les étrangers.

L'école fut fréquentée pendant l'année 1911-1912 par quatre-vingt-dix élèves réguliers dans la section de photographie et cent-quatre-vingt-treize élèves auditeurs (patrons photographes, employés, ingénieurs, officiers et fonctionnaires de la police).

L'école de Munich est avant tout une école pratique destinée à former le plus rapidement possible des opérateurs photographes et des chefs d'atelier de photogravure et de phototypie.

L'enseignement est donné dans la section de photographie par des spécialistes éminents, véritables artistes, et il faut reconnaître que les résultats qu'il m'a été donné de voir sont remarquables.

Les jeunes gens reçoivent peut-être moins de leçons théoriques qu'à Vienne mais ils travaillent pour ainsi dire toute la journée au laboratoire, dans l'atelier de retouche, dans les salles de pose et de tirage.

L'adjonction des cours de photographie judiciaire est une heureuse innovation de M. le professeur Emmerich et devra être imitée si une école de photographie se fonde chez nous.

L'école comprend un directeur et quatorze professeurs.

Je remercie M. le professeur Emmerich de l'empressement qu'il a mis à me documenter pour le présent rapport.

ÉCOLE DE BERLIN.

École de photographie du Lette Verein.

Directeur : M. le professeur Schulz-Hencke.

Nombre de professeurs : dix-huit, dont sept professeurs femmes.

L'école est ouverte aux élèves des deux sexes.

Elle comprend les cours suivants :

1° Photographie commerciale et photographie artistique ou pictoriale.

2° Radiographie.

3° Photographie scientifique, microphotographie, bactériologie.

4° Métallographie.

5° Retouche des reproductions, retouche de photographies de machines et retouche à l'aérographe.

6° Procédés photomécaniques.

Les frais d'études sont de 440 marks pour quatre semestres et de 660 marks pour six semestres.

Les élèves étrangers paient le double.

Cette école professionnelle a pour but de former des photographes et photograveurs professionnels et est fréquentée aussi par des étudiants en médecine et des fonctionnaires administratifs.

L'enseignement des différents procédés de retouche positive et négative est l'objet d'un soin tout particulier.

BERLIN.

École municipale professionnelle de photographie.

Fondée en 1895 par la Chambre syndicale professionnelle de Berlin, a été reprise par la ville un an plus tard.

Directeur : M. le professeur Schulz-Hencke.

Nombre de professeurs : huit.

Programme des études : retouche positive et négative, chimie, retouche des agrandissements bromure et platine, optique, manipulations photographiques, retouche des originaux destinés aux procédés photomécaniques, dessin d'après la bosse et le modèle vivant, peinture des photographies à l'aquarelle.

Les cours ont lieu de 7 heures à 9 heures du soir, le mardi de 5 heures à 8 heures, et le dimanche matin de 9 heures à 1 heure. On comprend d'après ces heures que cette école est exclusivement destinée aux apprentis et employés photographes occupés pendant la journée chez un patron.

Le tarif des cours est des plus réduits, environ 15 francs par semestre.

Berlin. — Séminaire oriental. Tous les mercredis de midi à 1 heure. Conférence par le lieutenant M. Weiss sur la photographie, la photogrammétrie à l'usage des explorateurs et des voyageurs aux colonies.

Bonn. — Université rhénane Frédéric-Guillaume, Maître de conférences (privat-docent) : docteur Laar, conférences sur les principes des différents procédés photographiques et photomécaniques. Manipulations pratiques dans les laboratoires photographiques de la faculté.

Brunswick. — École technique supérieure. Maître de conférences (privat-docent) : docteur F. Limer. Conférences sur la photographie scientifique et artistique. Exercices pratiques : procédés autochromes, tirages modernes, platine, charbon, huile, ozobrome, gomme, etc. Exercices pratiques en plein air. Environ six heures de cours par semaine ouverts à tous pour un droit d'inscription modique.

Breslau. — Université royale. Maître de conférences : docteur Riesenfeld. Conférences sur les procédés différents de la photographie. Agrandissements, microphotographie. Exercices pratiques dans les laboratoires spéciaux de la faculté.

Charlottenbourg. — Laboratoire photochimique de l'Institut technique supérieur. Directeur : professeur Mietche. Six professeurs et maîtres. Programme des cours : photographie en général, appareils, procédés divers, éléments d'optique, photochimie théorique, photographie astronomique et exercices au grand équatorial, Photographie de couleurs. Analyse spectrale. Ces cours sont surtout destinés aux personnes ayant déjà une préparation scientifique suffisante.

Dantzig. — École de physique de la faculté des sciences (section de photographie). Maître de conférences : docteur Kalähne. Conférences théoriques et exercices pratiques sur la photographie et les procédés photomécaniques. Laboratoires et ateliers.

Dresde. — École royale supérieure technique. Professeur de la section de photographie et des procédés photomécaniques : Robert Luther. Conférences théoriques sur les différents procédés photographiques, sur l'optique, la photographie des couleurs et les appareils. Exercices pratiques dans les locaux appropriés spécialement.

Francfort-sur-le-Mein. — École municipale professionnelle (section de photographie). Maître : M. Saalborn. Le but de l'enseignement est de mettre les jeunes gens des différentes professions à même d'acquérir les connaissances nécessaires pour photographier des machines, bâtiments, marchandises en vue de la confection de catalogues. Sept heures de cours par semaine. Tarif : 6 marks pour six mois.

Hanovre. — École professionnelle pour apprentis photographes fondée par l'Association syndicale des photographes de Hanovre et subventionnée par la ville. Un maître de retouche, un maître de dessin et un professeur de photographie et d'optique. L'enseignement est obligatoire pour tous les apprentis et ouvriers de la corporation qui n'ont pas dix-huit ans révolus. Les cours ont lieu le soir de 6 à 9 heures. Nombre d'élèves, quinze environ.

Heidelberg. — Laboratoire photographique de l'Institut archéologique de la faculté. Professeur : M. F. Schmidt. Conférences théoriques et pratiques. Tarif : 20 marks par semestre.

Hildesheim. — École d'arts et métiers gouvernementale et municipale (section de photographie avec laboratoire et atelier pour exercices pratiques). Directeur : M. Sandtrock et un professeur spécialiste. Photographie théorique et pratique. Dessin. Cours de perfectionnement pour photographes. Exercices pratiques, tenue de livres et législation.

Carlsruhe. — Institut scientifique et photographique de la faculté des sciences. Professeur : F. Schmidt. Cours théoriques et exercices pratiques de photographie ouverts aux étudiants et à tous les photographes amateurs.

Leipzig. — Académie royale des arts graphiques et de l'industrie du livre.

Section de photographie :

Professeur : M. Naumann. But de l'enseignement : apprendre aux élèves la photographie moderne théorique et le paysage, les procédés en noir et en couleurs.

Deuxième section :

Procédés photomécaniques. Professeur : M. Goldberg. Avec deux contre-maîtres. Enseignement des divers procédés photomécaniques, imprimerie et dessin. Durée des études : deux ans environ. Tarif de 60 à 70 marks par an pour les allemands ; étrangers, 350 marks.

Section photochimique et photographique de la Faculté des sciences. Professeur : docteur Karl Schaum. Conférences et exercices pratiques de photographie et de photochimie.

Munich. — École technique supérieure. Par suite d'une entente avec la direction de l'école royale de photographie, M. W. Urban, professeur à cette école, fait aux étudiants de cet établissement scientifique une série de conférences techniques et pratiques sur les différents procédés photographiques.

Munster (Westphalie). — Université royale. Professeur : Dehm. Cours de photographie en été seulement.

Brunn (Autriche). — École professionnelle des photographes et des relieurs. École professionnelle pour tous les apprentis des deux professions. Subventionnée par l'État et les syndicats de la reliure, de la papeterie et de la photographie.

Section de la photographie : trois professeurs enseignant le dessin, les divers procédés négatifs et positifs et la retouche.

Vienne. — École technique impériale. Professeur de photographie : M. Hinterberger. Exercices pratiques dans un laboratoire spécial. Procédés orthochromatiques et microphotographie à l'aide des grands instruments de Zeiss et de lampes à arc. Tarif : 100 couronnes pour vingt heures de cours.

ANGLETERRE.

Je n'ai pu, à mon regret, me procurer des documents directs sur les établissements anglais où l'on enseigne la photographie. Je ne puis mieux faire que de rappeler ce que disait à ce sujet mon éminent collègue Edouard Belin dans son remarquable rapport au Congrès de 1908.

Dans l'école anglaise de polytechnie à Londres, dit M. Édouard Belin, l'instruction photographique a été divisée en quatre cours :

Cours A élémentaire, destiné aux voyageurs et aux explorateurs.

Cours B, destiné aux professionnels, comprend le portrait et divers procédés photomécaniques.

Cours C, destiné aux débutants professionnels.

Cours D pour amateurs. Comprend les instantanés, agrandissements et les procédés de coloris.

Chaque cours se paye 5 guinées (130 francs).

Personnel : un directeur, huit professeurs.

Cette école, d'après M. Belin, est biens moins scientifique et moins complète que celle de Vienne, mais l'intention est excellente et les résultats sont encourageants.

État-Unis.

Les États-Unis sont le pays par excellence de l'initiative privée. Aussi nous ne serons pas étonnés de constater que nos collègues américains ont à leur disposition un grand nombre de collèges et d'écoles de photographie.

Nous nous bornerons à parler des deux principaux établissements dont je suis à même, grâce à l'obligeante entremise de notre excellent collègue, Pirie Macdonald, de New-York, de vous donner une description complète.

Southern school of photography, à Mc. Minville (Tennessee). — Comme son nom l'indique, cette école se trouve dans le sud des États-Unis dans la pittoresque région du Tennessee.

Elle occupe de spacieux bâtiments entourés de jardins d'une superficie totale de 4 arpents.

Le prospectus dit que c'est le plus grand établissement du monde consacré à l'enseignement de la photographie professionnelle.

Outre plusieurs ateliers de pose pour le jour et l'éclairage artificiel (lampes à arc et poudre-éclair) nous y trouvons de grands laboratoires bien aménagés, des ateliers de retouche, de tirage et d'agrandissement.

Toute la partie des bâtiments non occupés par les ateliers, laboratoires ou amphithéâtres est destinée à contenir des chambres pour jeunes filles, jeunes femmes ou couples mariés.

Les jeunes gens habitent des pensions de famille dans le village. Les chambres que l'école loue à ses élèves pour le prix minime de 4 à 6 dollars par mois (soit 20 à 30 francs) sont bien meublées et comprennent l'éclairage électrique, le chauffage central et une salle de bains.

Les élèves femmes sont sous la surveillance directe de la femme du directeur, Mme Lively.

Le caractère tout particulier de cet établissement c'est que l'enseignement y est individuel et pour ainsi dire familial. On y entre à n'importe quelle époque de l'année et on y reste le temps que l'on veut. Il y a des filles et fils de photographes, même des patrons qui y vont se perfectionner dans une branche quelconque de la profession.

Une innovation, c'est un cours spécial pour dames de réception, fonction à laquelle on attache aux États-Unis autant sinon plus d'importance qu'à celle d'opérateur.

Les prix sont de : 50 dollars pour un mois; 100 dollars pour trois mois; 125 dollars pour six mois; 150 dollars pour neuf mois.

Comme nous venons de le dire, un grand nombre de patrons et souvent de photographes en renom vont passer quelques semaines à Mc. Minville où des conférences avec démonstrations pratiques leur sont faites par des spécialistes venus souvent de fort loin.

La dépense totale pour une année scolaire d'un élève est de 330 dollars environ, soit 1.650 francs y compris la nourriture, le logement et tous les frais d'études.

À l'école se trouve rattaché un bureau de placement gratuit qui procure des situations lucratives à tous les élèves sortants qui en expriment le désir.

Le nombre des professeurs et adjoints est de sept.

« Illinois collège » de photographie et « Bissel-collège » de photogravure,
à Effingham (Illinois).

Cet établissement de beaucoup le plus important des États-Unis a été fondé en 1893 par Bissell et est administré par une société anonyme qui n'a rien négligé pour en faire une école modèle.

Le nombre d'élèves est de trois cents annuellement. Deux écoles distinctes dont l'une est le collège de photographie proprement dit et l'autre, l'école pour procédés photomécaniques.

Le collège de photographie avec ses sept professeurs et ses magnifiques ateliers et laboratoires, permet à un jeune homme ou à une jeune fille d'acquérir en une année d'études une connaissance pratique approfondie de l'art de la pose, de l'éclairage, les travaux de laboratoires, la retouche et les divers procédés de tirage.

La spécialisation absolue est à l'ordre du jour. Un futur portraitiste et un futur photographe industriel suivent des cours absolument différents.

De même qu'à Mc. Minnville il y a à Effingham un cours spécial pour photographes suivi annuellement par des professionnels.

École de photogravure. — Cet établissement, administré par la même compagnie que l'école de photographie, occupe des bâtiments à part et est remarquable par sa merveilleuse installation pour tout ce qui concerne la photochimie.

Programme des études :

Le négatif au trait, et le négatif tramé. Procédés au trait et en demi-teinte sur zinc et cuivre.

Morsures à la main et à la machine à graver.

Maniement de la *routing* et d'autres machines-outils.

Montage de blocks et tirage d'épreuves.

Dessin et retouche des originaux destinés à être reproduits. Dessins pour catalogues.

Procédé des trois couleurs.

Le tarif des études est, pour l'une et l'autre école, de 150 dollars une fois payés. L'élève reste un an s'il le désire ou plus longtemps. 35 o/o du nombre des élèves sont des jeunes filles.

Nous venons de passer en revue ce qui a été fait dans divers pays étrangers pour l'enseignement de la photographie.

Qu'est ce qui a été fait chez nous jusqu'à présent?

J'ai le grand regret de constater qu'en dehors des quelques cours destinés aux amateurs, organisés par la Société française de photographie, l'Association philotechnique et le Conservatoire des Arts et Métiers, il n'y a que la classe de photogravure de l'école Estienne.

ÉCOLE ESTIENNE.

Deux professeurs y enseignent. L'un, M. Ferry, excellent théoricien et professeur de physique fait des conférences sur l'optique, la chimie photographique. Ces conférences, très intéressantes restent pour ainsi dire lettre morte vu le jeune âge des auditeurs qui ont de quatorze à seize ans et ont une instruction générale fort insuffisante sinon rudimentaire vu la classe sociale modeste dans laquelle se recrutent les élèves de l'école.

Pour l'enseignement pratique un seul et unique professeur, vous entendez bien, un seul professeur à côté des quarante maîtres de l'école de Vienne, doit enseigner aux élèves la photographie et les principaux procédés photomécaniques.

Comme l'école est avant tout l'école du livre, on a choisi pour poste de professeur, un ouvrier photograveur, plein de bonne volonté sans doute, mais qui n'ayant pas l'omniscience d'un Pic de La Mirandole ne peut enseigner que ce qu'il a appris lui-même.

Or la photogravure est un art tout récent qui se perfectionne sans cesse et qui embrasse une foule de connaissances tant techniques que scientifiques et artistiques.

En outre, le matériel employé doit être irréprochable, et c'est loin d'être le cas à l'école Estienne.

Les élèves passent trois années dans le cours de photographie et en quittant l'école ils en savent à peu près autant qu'en y entrant.

Il y a deux ans j'ai été appelé avec plusieurs de mes collègues à juger les travaux de sortie des élèves et nous avons pu constater avec vif regret que la plupart des travaux présentés méritaient à peine la note 4 ou 5 sur 20.

Tous les ans, la ville de Paris dépense une somme importante pour l'école Estienne, en pure perte pour ce qui concerne notre profession.

La création en France d'une école de photographie et des arts graphiques nous paraît de toute urgence.

Aux précédents congrès, des vœux ont été émis en ce sens. Une souscription a même été ouverte sous l'initiative de notre ami P. Nadar, aucune suite n'a été donnée jusqu'à présent à cette initiative.

Je soumets au Congrès la résolution suivante :

Une commission, désignée à cet effet, reçoit mandat de la corporation des photographes français de recueillir les fonds souscrits et à souscrire dans le plus bref délai.

Pour commencer, on organisera des cours du soir et du dimanche matin pour les apprentis et employés. Les cours seraient payants pour les personnes étrangères à la corporation.

Un professeur de photographie pratique et un professeur de retouche seront nommés par le bureau de la Chambre syndicale.

Quant au local il conviendra de le demander à la ville de Paris qui certainement ne nous le refusera pas.

Par la suite, l'école pourra être construite et installée à l'aide des fonds que nous procurera l'émission d'obligations d'une société immobilière.

Ces obligations seront placées facilement parmi nos collègues et je suis persuadé que chaque photographe français tiendra à cœur d'en souscrire une ou plusieurs selon ses moyens.

Je vous indique ici seulement les grandes lignes du projet. Il est évident que la commission pourra, grâce aux conseils éclairés des dévoués membres de notre Conseil judiciaire arriver à bref délai à une réalisation pratique. J'ajoute qu'une subvention gouvernementale importante nous a été promise à condition que nous commencions à fonctionner.

La séance est levée à midi et demi. La suite de la discussion du rapport de M. Gerschel est renvoyée au lendemain.

Séance de l'après-midi.

Dans l'après-midi, un grand nombre de congressistes, répondant aux aimables invitations de MM. Félix, Benjamin et Gerschel, visitèrent leurs installations et ateliers.

Des essais de photographie à la lumière artificielle furent exécutés en leur présence. On fit plusieurs clichés dans les ateliers de MM. Félix et Benjamin.

Après ces démonstrations, vers 5 heures du soir, les congressistes accompagnés par MM. Félix et Gorce, se rendirent chez M. Gerschel, qui avec une bonne grâce charmante, leur fit les honneurs de ses ateliers et salons où il avait eu la délicate pensée d'installer un buffet des mieux garnis.

Plaques et papiers présentés par MM. Guilleminot et Bœspflug.

Le soir à 8 heures et demie, à l'amphithéâtre de l'École des hautes études commerciales, M. Guilleminot a tenu à venir lui-même présenter aux membres du Congrès les dernières nouveautés créées par la maison Guilleminot, Bœspflug et Cⁱᵉ.

M. Guilleminot rappelle tout d'abord à ces messieurs les nombreuses qualités que possède la plaque *Radio-Éclair* laquelle par suite d'une mise au point rigoureuse, est devenue sans contredit la plaque idéale pour le travail à l'atelier. Outre la finesse du grain spéciale d'ailleurs à toutes les émulsions Guilleminot, la plaque *Radio-Éclair* par suite de l'épaisseur de la couche de gélatine donne aux images, et particulièrement aux portraits, un relief tout spécial.

Des échantillons de ces plaques *Radio-Éclair* sont ensuite distribués aux membres du congrès.

M. Guilleminot parle ensuite à titre documentaire des plaques positives au lactate, universellement connues et dont la renommée n'est plus à faire. Il attire toutefois l'attention des membres présents sur le fait qu'avec les plaques tons chauds Guilleminot on peut obtenir une infinité de tons depuis le noir brun jusqu'au rouge sanguine en passant par la gamme de tous les sépias.

M. Guilleminot fait circuler des spécimens, lesquels sont fort admirés.

Quant aux papiers bromure ils sont suffisamment connus de tous les professionnels pour qu'il ne soit pas nécessaire d'en parler longuement. La fabrication intensive du papier pour l'agrandissement (S.-F. rapide) et de la carte postale bromure, a obligé MM. Guilleminot, Bœspflug et Cⁱᵉ, de construire une usine spéciale pour le barytage. Deux machines constamment en marche produisent 40 mètres à la minute et permettent ainsi à la maison Guilleminot, Bœspflug et Cⁱᵉ, de satisfaire aux demandes toujours croissantes de sa clientèle. Parmi les sortes les plus recherchées des professionnels il faut citer le papier et cartes postales Sedar, dont l'émulsion à contraste fournit des épreuves splendides et artistiques tant pour le paysage que pour le portrait.

Les épreuves obtenues sur papier et cartoline Sedar circulant dans l'amphithéâtre montrent d'ailleurs aux photographes présents tout le parti que l'on peut en tirer.

Pour terminer, M. Guilleminot parle encore de sa dernière création, le papier développement « *Fulgur* à tons chauds », lequel imite absolument le papier celloïsine, et procure par suite au professionnel une économie sensible de temps et d'argent.

M. Guilleminot remercie les membres du congrès d'avoir bien voulu l'écouter pendant quelques instants et les informe que la maison Guilleminot, Borspflug et Cⁱᵉ, 22, rue de Châteaudun se tient à leur entière disposition pour tous les renseignements et échantillonnages qui pourraient leur être nécessaires.

Objectif Stella.

Ces explications achevées, la parole est donnée à M. le professeur Suter, fabricant d'objectifs photographiques, bien connu de la corporation, et qui présente son nouvel objectif *Stella*, dans les termes que voici :

M. Suter. — L'objectif que j'ai l'honneur de vous présenter est ma nouvelle création d'un type anastigmatique à grande ouverture, dont la caractéristique est de produire *à toute ouverture utile de f 1 : 5*, une image d'une netteté régulière et avec un champ absolument plan, sur les formats indiqués dans le prospectus inclus.

J'invite à se servir de mon nouvel objectif le plus possible à *toute ouverture* sauf pour les groupes à plusieurs rangs, où il faudra diaphragmer très peu afin de porter la netteté sur les différents plans. La supériorité de ce nouvel objectif se fera donc reconnaître par son rendement à toute ouverture et par conséquent par sa luminosité et la netteté très étendue et régulière à la fois.

Je suis disposé à accorder aux photographes adhérant aux syndicats français une remise de 20 o/o sur les prix indiqués sur le prospectus et de livrer franco de droits d'entrée.

Je suis en outre disposé à déposer à la Chambre syndicale un ou plusieurs de ces objectifs pour les tenir à la disposition des photographes qui désireraient les essayer ; ce serait une grande facilité pour eux à cause des droits d'entrée qu'ils devraient autrement déposer à réception.

M. Félix, président du Congrès, répond en ces termes :

« Je remercie M. le docteur Suter d'être venu parmi nous ; c'est un grand honneur pour nous de le recevoir, car nous n'avons que très rarement l'occasion de pouvoir féliciter des inventeurs de sa valeur, des gens qui ont su consacrer leur temps, leur intelligence, leur fortune et leur vie à l'étude des appareils ou des produits qui permettent à la photographie de progresser et de se perfectionner.

Merci, à vous, Monsieur le docteur Suter, d'avoir bien voulu aussi représenter la Suisse parmi nous. Au nom de la Chambre syndicale et au nom de tous les photographes de France, je vous prie d'agréer l'expression de notre très grande admiration et de nos remerciements. » (*Applaudissements.*)

Lecture est donnée par M. Félix, président de la Chambre syndicale, de la communication suivante de la maison Gevaert et Cⁱᵉ.

« Il convient de citer parmi les créations récentes qui vont donner à l'art photographique une nouvelle impulsion : *le papier platine Gevaert*, sur japon sepia et noir-gravure, les sortes chamois, lisse et rugueux, etc. L'éloge du platine n'est plus à faire, tous nous en connaissons les qualités; mais les professionnels vraiment épris d'art seront heureux de trouver enfin ces merveilleux auxiliaires qu'ils attendaient depuis si longtemps. Les papiers gravure ont fait, eux aussi, un pas énorme et l'*Etral Gevaert* répond à tous les desiderata.

Cette nouveauté sensationnelle d'un prix abordable convient à tous les travaux. Le tirage est trois fois plus rapide que celui du platine, le dépouillement se fait à l'oxalate et se termine dans un bain de platine ordinaire.

CAUSERIE SUR L'APPLICATION PRATIQUE DES PROCÉDÉS PHOTOGRAPHIQUES A L'IMPRIMERIE - CE QUE L'ON PEUT FAIRE - DES AFFAIRES NOUVELLES A ENTREPRENDRE AVEC PLUS DE PROFIT.

M. Gorce, vice-président de la Chambre syndicale prend ensuite la parole.

Au cours d'une longue causerie il indique aux congressistes, comme un remède à la crise commerciale, la nécessité de s'occuper toujours davantage des applications de la photographie et surtout de l'imprimerie photographique.

A l'appui de sa thèse, il fait circuler dans la salle les travaux exécutés par lui dans les genres les plus divers : cartes postales, menus, horaires de marées, étiquettes de bouteilles, affiches, brochures, catalogues,, livres. Le tout illustré par des clichés photographiques directs qu'il a pris lui-même. Il signale particulièrement aux photographes portraitistes des grandes villes comme un débouché nouveau les affiches photographiques où seraient reproduits : les portraits d'artistes, des scènes de théâtre, ou encore des scènes de genre, ou des compositions faites à l'atelier, tout spécialement pour tel ou tel autre produit et il indique les moyens de les faire exécuter.

Le catalogue de luxe lui-même doit devenir une spécialité du photographe car le photographe travaille à sa confection tout autant que l'imprimeur.

M. Gorce cite l'exemple de personnes qui sans être ni photographes ni imprimeurs et en se servant habilement des uns et des autres font exécuter des catalogues de luxe d'un prix très élevé et gagnent sur les ventes qu'ils en font des sommes considérables.

M. Gorce passe ensuite en revue les divers procédés d'impression photomécanique. Il signale l'apparition d'un nouveau procédé de photogravure sans trame apparente, qui est appelé à révolutionner l'imprimerie, qui se prête admirablement aux reproductions artistiques et dont il montre de remarquables spécimens. Il indique encore l'exploitation cinématographique qui, somme toute, n'exige pas en province la possession d'un grand capital, comme un fructueux appoint, apte à compléter les ressources insuffisantes de beaucoup de photographes provinciaux. Il est clair que ceux-ci peuvent non seulement faire facilement des projections en public, en louant des locaux spéciaux, mais encore arriver à confectionner eux-mêmes des films intéressants et plus particulièrement des films locaux ou régionaux avec lesquels ils séduiraient aisément la clientèle qui s'intéresse à ce genre de spectacle.

Et M. Gorce s'insurgeant contre tous ceux qui veulent absolument enfermer la corporation dans l'exploitation du portrait, termine en adressant un chaleureux appel à la bonne volonté de tous pour se dégager des procédés routiniers et atteindre à ce résultat qu'il souhaite prochain pour les photographes : connaître enfin toutes les ressources de leur art et pouvoir aussi profiter de tout ce qu'il est loisible d'exécuter, avec du courage, de l'initiative et... de la photographie.

M. Félix remercie M. Gorce de son intéressante causerie et de l'éloquente plaidoirie qu'il a prononcée en faveur des applications de la photographie. Il annonce que ce n'est là que le commencement d'une série de conférences que la Chambre syndicale a l'intention d'offrir, cet hiver, dans le but de réveiller ceux qui se complaisent en une torpeur dangereuse pour eux-mêmes et pour la profession qu'ils exercent.

Il espère, ainsi, stimuler le zèle de tous pour sortir du sentier de la routine dans lequel la photographie s'est trop malheureusement enfoncée. Les patrons et les employés seront convoqués à ces causeries. Tous pourront profiter de la sorte des conseils qui leur sont donnés.

La séance est levée à 11 heures et demie.

Troisième séance. — *Samedi 16 novembre 1912.*

La séance est ouverte à 9 h. 10 m, sous la présidence de M. Félix, assisté des membres du bureau du Congrès.

M. Félix. — Je donne la parole à M. Cayez, qui demande à faire une communication personnelle au Congrès.

M. Cayez. — Messieurs, je cause simplement en mon nom personnel. Je demande pardon à tout confrère que je pourrais ainsi devancer dans la même idée. Mais je crois me faire ici l'interprète général en exprimant à MM. Félix et Gerschel de vifs remerciements pour l'accueil plus que charmant qu'ils ont bien voulu nous réserver hier chez eux, et leur dire aussi combien a été vive notre admiration pour leurs œuvres. Certes, l'art du portrait se trouve en ce moment en pleine évolution, et les diverses écoles qui se font jour ne peuvent que stimuler l'engouement du public. Toutefois, nous ne saurions nier que ces genres qui, à Paris, font déjà autorité, sont encore à lancer dans bien des villes de province, où, là aussi, ils ne pourront apporter qu'un exhaussement du niveau artistique et des prix. Tous, nous savions cela avant-hier, nous le savons davantage depuis hier.

Je demande donc à tous mes confrères de bien vouloir voter par acclamations des remerciements à MM. Félix et Gerschel, pour la belle étude qu'ils nous ont permis de faire dans leurs admirables ateliers. (*Vifs applaudissements.*)

M. Gerschel. — Mon cher confrère, je vous remercie des paroles trop élogieuses que vous venez de prononcer ; je remercie également nos confrères de leurs applaudissements qui sont venus les souligner. Votre visite à tous hier a été pour moi un vif plaisir et un grand honneur, et je tiens à vous dire ici que tous ceux de mes collègues qui, lors de leur passage à Paris, voudront revenir chez moi y seront toujours accueillis avec un réel plaisir.

M. Félix. — Comme M. Gerschel, je suis confus de vos remerciements, car je considère que nous qui sommes à Paris profitant de cette situation spéciale pour avoir les premiers les procédés nouveaux, nous devons les montrer, et par conséquent il est bien naturel que vous, nos amis de province, vous trouviez en venant chez nous ce qui n'est pas chez vous parce que vous n'avez pas été mis à même par les circonstances d'en profiter; tous ici nous serons toujours flattés et honorés de votre visite, et c'est avec toute notre cordialité que nous mettons nos ateliers à votre disposition lorsque vous venez à Paris. Vous trouverez toujours, lorsque vous frapperez à nos portes l'accueil le plus chaleureux, le plus franc, le plus cordial. Je donne la parole à M. Gerschel pour la fin de son rapport.

(M. Gerschel lit la suite et la fin de son rapport, qui a été publié en entier plus haut, voir pages 62 à 75.)

M. Panajou. — Messieurs, il est évident qu'après l'admirable rapport que notre collègue Gerschel vient de nous lire, et que vous venez d'écouter avec beaucoup d'intérêt, il est évident que si l'on s'en rapporte aux mots, le rapporteur a raison de préconiser la création d'une école de photographie.

Dans notre modeste syndicat de province, nous avons examiné longuement la question, et nous avons vu quelque chose de plus important à côté de la question de l'art; nous avons vu la question de vie journalière et d'argent. Il est certain que le jour où nous aurons une école, nos plus grandes maisons de France trouveront des collaborateurs qui égaleront et surpasseront les collaborateurs allemands, mais à côté de ces photographes fortunés qui peuvent faire de l'art pour l'art, il faut voir les nombreux petits photographes qui, les malheureux! font de la photographie pour vivre et pour faire vivre leur famille. Pour les riches, ils pourront aller à l'école, soit par amour de la photographie, soit le plus souvent par snobisme, car il est maintenant de bon ton, quoique riche, de ne pas rester à rien faire. A côté de cela, il y a ceux qui, dans la photographie, voient le moyen de reproduire de jolis modèles, de faire de jolies photos. Voilà ceux qui pourront se payer un séjour à l'école de photographie et voilà ceux que je redoute. Nous nous plaignons déjà d'avoir trop de collègues, nous disons sans cesse qu'il y a plus de photographes que de clients, que sera-ce donc le jour où il y aura une pépinière de photographes?

Que ferons-nous? Je ne parle pas de moi qui dormirai alors mon dernier sommeil, sans doute, mais je parle de nos pauvres collègues, qui, par un travail acharné, arrivent déjà à peine à subsister en ce moment. Notre collègue nous a dit tout à l'heure qu'une rue pas plus grande que la rue Royale était parsemée, à Munich, de photographes, qu'il y avait environ soixante-dix étalages. Voyez-vous, messieurs, soixante-dix étalages de photographes dans une des rues de Bordeaux. On a beau se trouver dans un milieu cosmopolite, il y a impossibilité pour soixante-dix photographes résidant dans la même rue d'arriver à vivre. Encore si cela se peut à Munich, je suis bien certain que personne n'oserait dire que cela se pourrait à Lyon ou à Bordeaux, encore moins dans toute autre ville de notre province. Nous avons peine à joindre les deux bouts, que sera ce le jour où il y aura affluence de photographes? Je crois qu'il y a là un réel danger pour la corporation.

Au point de vue de l'art, je l'avoue, nous laissons beaucoup à désirer. Il faut aller à l'étranger pour apprendre à bien travailler. Nous n'avons, pour avoir de bons opérateurs qu'à envoyer nos fils, nos neveux, en ces écoles de Munich ou autres comme beaucoup d'entre nous l'ont déjà fait d'ailleurs. Mais, venir créer une école de photographie chez nous, ce serait à mon avis, comme de l'avis de notre syndicat, une grosse faute, évidemment pas au point de vue de l'art, mais au point de vue de la concurrence.

M. NADAR. — Mon cher Monsieur Panajou, laissez-moi vous dire avant tout que j'ai pour vous une grande estime, motivée par l'honorabilité et le labeur intelligent de toute votre vie ; de nous tous ici, vous êtes un des mieux placés pour parler des intérêts de la corporation. Cela ne m'empêche pas de vous dire très amicalement, très doucement, mais très franchement aussi que vous avez sur cette question de l'école une opinion qui me paraît extrêmement dangereuse.

Je suis d'avis que vous, un artiste comme vous l'êtes, vous deviendrez un convaincu de la nécessité de cette école, et que lorsque vous aurez bien réfléchi sur les motifs qui militent en sa faveur, vous émettrez un avis opposé à celui que vous venez de nous donner. Vous admettrez alors que le progrès humain ne peut être acquis que par des connaissances toujours plus étendues, plus grandes, plus éclatantes. Croyez-vous bien que cette école augmentera le nombre des photographes en de telles proportions qu'il n'y aura plus assez de clients pour les faire vivre tous. Non... il y aura sans doute beaucoup plus de meilleurs photographes, mais c'est tout. La qualité de la production se trouvant augmentée, la clientèle se fera plus nombreuse aussi et paiera davantage, d'où compensation. Vous n'empêcherez jamais tout le monde de penser qu'on peut faire de la photographie sans se donner de mal, si vous ne montrez pas à tout le monde des œuvres vraiment artistiques difficiles à imiter. On n'empêchera jamais non plus les gens de penser que le métier de photographe est agréable parce que l'on se fait des relations, et ce n'est pas l'école qui fera que les jeunes gens auront un attrait particulier pour notre métier. L'école fera que nous aurons des gens qui conserveront à notre Patrie le bon renom, qu'elle a conservé jusqu'ici, mais que sous ce rapport. l'étranger tend à lui faire perdre. On a fait ce qu'on a pu, jusqu'ici, pour rester au premier rang de la photographie universelle, mais ce qu'on a pu est peu de choses, puisque nous ne réussissons plus. Et nous devons avouer, quand nous voyageons un peu, que nous, les successeurs de Niepce et de Daguerre, nous sommes maintenant en retard sur l'Amérique et même sur l'Allemagne parfois. Il n'y a pas que les ouvriers qui profiteront de l'enseignement de l'École, car n'oublions pas que les patrons de demain sont les ouvriers de la veille. Voir poser la première pierre de cette école sera, pour moi qui ai attaché le grelot dans nos derniers congrès, une des plus grandes joies de ma vie. Si je n'ai pas poursuivi la souscription qui avait été commencée ici, c'est que des deuils cruels, celui de mon père, après celui de ma mère, sont venus m'empêcher tout travail sérieux.

Oui, il faut l'école pour nous donner des collaborateurs dévoués et instruits de leur métier qui deviendra alors un art, grâce à l'École.

M. FÉLIX. — Un simple mot pour éclairer le débat. On dit que nous sommes trop nombreux déjà ; c'est exact. Mais si nous sommes nombreux, la faute en revient justement à cette croyance populaire qui consiste à penser qu'on est photographe sans apprendre, instinctivement, que dans tout homme il y a un photographe tout fait.

Au contraire, le jour où nous aurons cette école, nous prouverons au public qu'il faut un temps d'apprentissage assez long pour faire un photographe à la hauteur, et qu'il y a des études assez ardues à braver avant d'être consacré bon ouvrier.

À mon sens, cette école ferait plutôt peur aux concurrents.

M. Panajou. — Il est évident qu'au point de vue de la théorie photographique, c'est superbe. Je l'admets, parce que, enfin, je ne suis pas né d'hier, et je n'ai pas la stupidité de dire qu'au point de vue artistique la création d'une école serait un danger... Non... ce n'est pas à ce point de vue que j'entends la chose. Il y a deux points à envisager : la question d'art et la question manger et vivre. Je vous demande s'il vaut la peine de créer l'art pour créer, en même temps, des concurrents qui nous empêcheront de vivre? Dans l'école de photographie, je vois en première ligne tous les « fils à papa », tous les gens qui, de par leur fortune, ont le droit de se consacrer artistiquement à la photographie. Mais, à côté d'eux, je vois aussi les pauvres bougres, fils de malheureux collègues, qui n'ont ni le temps, ni l'argent nécessaires pour passer deux ou trois ans dans votre école, et d'en suivre les cours. Pourtant ce sont seulement ceux-là que nous devrions voir profiter des bienfaits de l'école; et ce sont ceux-là qui auront de plus en plus de mal à gagner leur vie, parce que tous les clients riches iront vers les autres, dont le nombre se sera multiplié. Ce n'est pas moi qui pourrai constater *de visu* les avantages ou les inconvénients de l'École, car il est probable qu'avant de pouvoir les apprécier, j'aurai quitté ce monde. Mais je crois de mon devoir de vous dire aujourd'hui : « en créant l'école, je crains un danger pour vos enfants, pour les enfants de ces malheureux collègues qui ont tant de mal aujourd'hui à joindre les deux bouts en faisant du portrait. »

M. Gorce. — Mon cher confrère, je vous ferai observer que c'est une raison de plus pour créer l'École de photographie. Permettez-moi de vous répéter ce que je disais hier soir : la photographie comprend d'autres applications industrielles que jusqu'ici nous avons par trop délaissées, et dont nous n'avons pas su bénéficier. Je ne citerai que le cinématographe, grâce auquel nous avons laissé s'enrichir les grosses maisons de films, sans nous préoccuper des ressources certaines que ce nouveau débouché nous offrait.

Formons des ouvriers qui auront de l'initiative et qui connaîtront toutes les applications photographiques; de cette manière, si, dans l'avenir, nous avons beaucoup de débouchés, nous craindrons bien moins la multiplicité des photographes. Ceux qui savent s'occuper et qui ont de l'initiative feront autre chose que du portrait, et gagneront honorablement leur vie.

M. Panajou. — Ce que vient de nous dire notre collègue qui est un photographe industriel me semble l'énoncé d'une idée purement personnelle. Il a prêché pour sa paroisse. Si je dis qu'il y a un danger dans la création d'une école, ce sont les portraitistes qui me semblent devoir supporter les conséquences de ce danger, les photographes industriels ne m'intéressent pas. Je ne pense pas qu'on ait l'idée de faire des cours spéciaux d'imprimerie ou autres choses semblables qui peuvent servir à certaines catégories d'industriels se servant de nos épreuves, mais qui n'auraient aucune utilité pour les portraitistes. Que nous importent les photographes industriels.

M. Gorce. — Il ne me sera pas difficile d'établir irréfutablement que contrairement à ce que vous supposez, je ne prêche pas pour ma paroisse, car l'école de photographie industrielle n'est pas à faire. Elle existe à Paris où tout le monde la connaît. Elle s'appelle l'école Estienne.

M. Félix. — La question ne peut se poser ainsi : M. Gorce a voulu dire que si le nombre des photographes augmentait par suite de la création d'une école, d'autre part, les applications de la photographie pourraient aussi augmenter, ce qui ferait compensation. Pour l'illustration des livres, au point de vue photographie, nous n'avons pas à y songer en ce moment, puisque nous avons l'école du livre. Bien qu'elle fonctionne très mal à cette école, il y a tout de même une section photographique dont M. Brissy vous dira deux mots tout à l'heure. Mais, disons-le, l'école de photographie, loin d'être un danger pour la corporation, comme pour chacun de ses membres, riches ou pauvres, ne peut être qu'une très bonne chose. Ses effets en seront salutaires et non néfastes.

M. Arnaud. — J'appuie l'affirmation de notre Président, ajoutant que j'espère bien que M. Panajou sera obligé de reconnaître les bienfaits devant l'œuvre accomplie.

Je dis, après tant d'autres, que le niveau de la photographie est trop bas en France, puisqu'il est au-dessous de la moyenne. J'ai pu m'en rendre compte lors d'un voyage à Dresde, où les productions françaises faisaient pitié en comparaison de celles des autres nations. Il y a, pour les portraitistes surtout, un bénéfice à renouveler les procédés de travail, et par conséquent il est nécessaire qu'ils les connaissent, qu'il les apprennent afin de satisfaire le goût de plus en plus exigeant de la clientèle. Cette clientèle ne se contente plus de photos bon marché, il lui faut quelque chose d'artistique, et c'est ce qui nous oblige à former des employés capables; nous n'aurons pas, par les bons photographes, une concurrence aussi dangereuse que celle qui nous est faite par les amateurs; ceux-ci, au contraire, seront appelés à diminuer, quand ils pourront constater que le métier de photographe exige des études préliminaires assez sérieuses.

M. Brissy. — M. Panajou nous disait tout à l'heure qu'il n'y aurait que les « fils à papa », ou les gens riches qui pourraient bénéficier de tous les avantages de l'école. Je me permets de lui faire remarquer que nous pourrons avoir des élèves boursiers, comme en ont les écoles allemandes, puisque j'ai été moi-même boursier à l'école de Munich.

On ne sait pas encore ce que sont ces écoles, c'est pourquoi les préjugés contre elles sont nombreux. Je voudrais pouvoir arriver à vous convaincre de leur utilité, du travail qui y est accompli; de plus, je voudrais pouvoir vous faire pénétrer à ma suite dans l'une des classes où l'on est en plein travail, et vous seriez convaincus du sérieux des études, de l'application des élèves et des résultats obtenus. Je me suis permis de rédiger un petit rapport sur cette question, je vous demande l'autorisation de vous en donner lecture.

RAPPORT DE M. BRISSY SUR L'ÉCOLE DE MUNICH

En réponse au désir que vous m'avez exprimé, je m'empresse de vous faire parvenir quelques renseignements relatifs à l'école de photographie et de photogravure de Munich. J'espère être aussi complet que possible; cependant au cas où vous auriez besoin de renseignements complémentaires, je suis tout disposé à vous les fournir. Il importe en effet de porter à la connaissance du public et du Gouvernement français ce qui a été fait pour l'art de la photographie et pour les métiers qui s'y rattachent dans les principaux pays européens et principalement en Allemagne.

L'étude qui suivra se rapporte à l'ancienne école de photographie de Munich.

telle qu'elle était organisée quand je l'ai quittée en 1909. En 1910 cette école s'est considérablement agrandie et s'est installée dans de nouveaux bâtiments ; le plan des études que l'on y poursuit n'a pour ainsi dire pas varié.

Cette école a été fondée en 1900 par l'Union des Photographes de l'Allemagne du Sud, avec l'appui de la ville de Munich et du Gouvernement bavarois qui lui alloue une subvention. D'autre part les administrations du grand duché de Bade, du Wurtemberg et de l'Alsace-Lorraine ont contribué à son développement en permettant aux photographes établis dans ces trois états de fréquenter l'école ou de suivre le cours de perfectionnement, en leur accordant des bourses d'étude. Le but poursuivi par le fondateur a été le suivant :

1° Offrir aux futurs photographes la possibilité d'acquérir une éducation technique et artistique leur permettant d'exercer avec un plein succès l'art du photographe ;

2° Élever le niveau des photographes par des cours patronaux et des conférences régulières de professeurs ou de collaborateurs ;

3° Examiner dans le laboratoire d'essai de l'école, la valeur des appareils, instruments, produits, etc. ainsi que celle des nouveaux procédés, et étudier toutes les questions scientifiques se rattachant à l'art photographique.

L'école est divisée en deux sections bien distinctes :

1° Section de photographie proprement dite ;

2° Section de photomécanique.

1° Section de photographie proprement dite.

Pour la section de photographie proprement dite, la durée de scolarité est de deux ans, ou plus exactement quatre semestres, comprenant dix-neuf mois. Pour être admis à l'école il faut être âgé de plus de quinze ans, posséder une bonne instruction primaire.

Plan d'étude.

L'enseignement est donné sous forme de conférences, d'exercices et de travaux pratiques dans les laboratoires et les ateliers de l'école. Voici comment est divisé le programme d'enseignement :

Premier semestre. — 1° Dessin élémentaire d'après modèle imprimé ; exercices sur les ombres d'après des modèles simples de plâtre ; éléments de perspective, exercices sur la perspective. Douze heures par semaine.

2° Enseignement de la physique : de la lumière, des couleurs, du sentiment des couleurs ; décomposition de la lumière blanche dans ses éléments colorés, spectre, lentille. Deux heures par semaine.

3° Photochimie : introduction de la chimie organique photographique ; solutions, cristallisations, filtrage, précipités, etc. Trois heures par semaine.

4° Pratique photographique, exercices sur l'éclairage ; temps d'exposition, démonstration des appareils ; développement des plaques, exercices pratiques d'après modèles (procédé positif, papier albuminé, papier salé, papier platine, gélatino-bromure, ferro-prussiate. Vingt-quatre heures par semaine.

5° Comptabilité et tenue des livres. Deux heures par semaine.

Deuxième semestre. — 1° Dessin, ornements simples, exercices au fusain, à la plume et à l'estompe.

2° Physique : les objectifs photographiques et leur mode d'emploi ; choix des objectifs ; distance focale, luminosité, champ angulaire, profondeur, ouverture. Deux heures par semaine.

3° Photochimie : chimie organique appliquée à la photographie, révélateurs habituels, leurs propriétés ; fixateurs ; virage ; affaiblissement et renforcement ; essai de produits. Deux heures par semaine.

4° Pratique photographique : procédés négatifs, travaux à l'atelier, poses d'après modèle, temps d'exposition, travaux de chambre noire ; développement, fixage des négatifs ; procédés positifs, affaiblissement, renforcement, travail de papier d'argent, virage à l'or ; retouche des négatifs.

Excursions au dehors : photographies de paysages. Vingt-huit heures par semaine.

5° Comptabilité. Deux heures par semaine.

Troisième semestre. — 1° Dessin de figure d'après le plâtre ; aquarelle d'après les fleurs ; connaissance des divers styles ; établissement de vignettes. Douze heures par semaine.

2° Physique : approfondissement de certaines parties du cours du deuxième semestre ; microphotographie ; plaques sensibles aux couleurs, orthochromatiques ; etc. Trois heures par semaine.

3° Chimie photographique : plaques sensibles aux couleurs ; orthochromatiques ; etc. Deux heures par semaine.

4° Pratique photographique : travaux à l'atelier d'après modèle, photographie d'intérieur ; photographie d'architecte ; photographie au magnésium ; photographie avec des plaques orthochromatiques ; reproduction ; procédé au platine ; fabrication par les élèves du papier au platine ; procédé au charbon, simple et double transfert ; gomme bichromatée ; retouche ; dessin de fonds sur les plaques ; excursion, photographie de paysages ; agrandissement des plaques à l'iodure d'argent. Trente-quatre heures par semaine.

5° Comptabilité. Deux heures par semaine.

Quatrième semestre. — 1° Dessin et peinture ; retouche à l'aérographe ; coloration des platines ; préparation des papiers au gélatino-bromure pour la peinture et le pastel. Six heures par semaine.

2° Physique : approfondissement du cours du deuxième semestre ; projections photographiques. Une heure par semaine.

3° Photochimie : récapitulation et approfondissement des cours du troisième semestre ; procédé à l'émulsion. Une heure par semaine.

4° Pratique photographique ; travail personnel ; étude de l'éclairage, des groupes ; collage des épreuves ; retouche des clichés et des épreuves ; agrandissement ; renforcement et affaiblissement des épreuves ; gommes, charbons, platines, etc. Quarante heures par semaine.

5° Tenue des livres. Une heure par semaine.

Deux maîtres sont attachés à l'école pour la direction pratique des travaux.

L'élève reste sous la direction du même professeur pendant son séjour à l'école. Pendant les deux premiers semestres l'élève travaille dans l'atelier classique (éclairage d'en haut). Pendant la seconde année, dans un atelier de peintre (éclairage de côté). La direction de ce dernier atelier est confiée à un artiste peintre, qui enseigne surtout l'art de la pose et des arrangements.

Si les élèves diplômés expriment le désir de passer une troisième année à l'école, il peut être fait droit à leur demande; on leur donne alors le titre de préparateur et on les exonère des frais d'étude.

Les frais d'étude s'élèvent à 60 marks par semestre pour les nationaux; les étrangers doivent verser 100 marks par semestre. En outre chaque élève acquitte une mensualité de 5 marks pour l'usage du gros matériel de l'école; il paie pour les cours de dessin, 2 marks s'il est Bavarois, 4 s'il est Allemand et 6 s'il est étranger.

Tous les frais de plaques, papiers et produits chimiques sont à la charge des élèves.

A la fin du quatrième semestre les élèves peuvent obtenir un diplôme constatant la durée de leurs études et portant certaines observations relatives à leur savoir sur certaines matières particulières ayant été l'objet d'un enseignement à l'école. De même, le directeur de l'école organise une exposition à laquelle tous les élèves doivent réglementairement prendre part, il leur est d'ailleurs interdit de produire leurs travaux dans d'autres expositions, pendant la durée de la fréquentation scolaire.

Un règlement intérieur assez sévère prévoit tous les manquements à la discipline.

Deuxième section de photomécanique.

Ainsi qu'il a été dit précédemment, l'école comprend une section de photomécanique. Cette section offre pour nous un moindre intérêt, nous allons résumer très brièvement ses principales caractéristiques.

La durée des études est de deux semestres, pendant lesquels les élèves suivent des cours à peu près analogues à ceux de la section de photographie proprement dite, en ce qui concerne le dessin, la physique, la chimie.

Le programme des travaux pratiques est ainsi composé : reproduction sur plaques au collodion humide; procédé à l'émulsion; photogravure; héliogravure; tirages sur différents papiers et avec différentes presses; impression en trois couleurs. A la fin des études les élèves peuvent également recevoir un diplôme.

Pour terminer ce court exposé, je ferai certaines observations d'ordre général, résultat des deux années d'étude que j'ai passées à l'école de Munich.

Tout d'abord si l'on songeait à créer en France une école de photographie, je crois qu'il y aurait intérêt à adopter le système employé à Munich. C'est-à-dire que l'école devrait comprendre trois parties distinctes : une section de photographie proprement dite, une section de photomécanique et un laboratoire d'essais. On peut remarquer d'ailleurs que la tendance générale actuelle est d'adjoindre aux principales écoles industrielles des laboratoires d'essais, qui servent de lien entre les professeurs et les élèves de l'école et les patrons appartenant à la corporation (par exemple : laboratoire d'essais de l'école d'électricité de la rue de Staël, à Paris).

J'insisterai aussi sur ce que l'école est payante. Autrement dit les élèves ne sont pas admis gratuitement après concours. Le concours à l'entrée est supprimé, on demande seulement aux futurs élèves de justifier d'une instruction primaire assez complète, leur permettant de suivre et de comprendre avec fruit les cours professés. Naturellement on admet à l'école les élèves boursiers dont les frais d'étude sont payés soit par une municipalité, soit par un état. Ainsi se produit très heureusement un mélange de diverses classes sociales et des différentes nationalités qui développe l'émulation. Celle-ci est d'autre part entretenue par la nature même des travaux effectués par les élèves qui, se trouvant constamment ensemble à l'atelier et au laboratoire, cherchent à obtenir des résultats meilleurs que ceux atteints par leurs camarades. L'exposition des travaux des élèves est également très recommandable et ne peut qu'entretenir un esprit de travail parmi les élèves, en même temps qu'elle atteint le public, lui fait connaître l'école par son meilleur côté, et forme son goût qui, quelquefois, n'est malheureusement pas trop sûr.

Un des meilleurs côtés de l'école de Munich est que l'on ne s'y attache pas simplement à apprendre aux élèves la technique de la photographie, mais que l'on cherche avant tout à développer leurs goûts artistiques, qu'on leur apprend à composer de véritables tableaux, essai très heureux de rattachement de la photographie aux autres branches de l'art et principalement à la gravure et à la peinture. A ce point de vue je suis heureux de rappeler ici que l'enseignement à l'école de Munich a pris une telle orientation sous l'impulsion énergique et éclairée de M. Smith, artiste peintre, qui a été un des premiers à faire sortir la photographie des sentiers depuis trop longtemps battus et à en faire, ce qu'elle doit être, un art véritable.

Le règlement intérieur en vigueur à Munich me semble établi d'une façon très judicieuse, les résultats fournis par certaines écoles artistiques, où la présence n'est ni contrôlée ni obligatoire montrent qu'il est essentiel que les élèves soient tenus d'assister régulièrement à tous les cours et travaux pratiques, et qu'une discipline assez stricte, quoique bienveillante, réprime les écarts de conduite ou les absences.

Je tiens à rappeler ici que c'est grâce aux brillantes facultés du professeur Emmerich, le directeur de cette institution, que l'école de Munich a pris une si rapide extension qui la classe aujourd'hui parmi les établissements d'enseignement de l'art photographique les plus fréquentés et les plus renommés du monde entier.

En France, on le sait, il n'existe aucune école d'art photographique, certaines confusions dues à une trop grande obscurité, pouvaient laisser croire le contraire. On peut en effet lire sur les programmes de l'école Estienne, à Paris : enseignement de la photographie. Mais à cette école les élèves n'apprennent que la photogravure. D'ailleurs le président de la commission de surveillance de cette école m'a déclaré en public que l'on ne voulait pas créer de section de photographie à l'école du livre, ce qui prouve bien d'abord qu'il n'en existe pas et ensuite qu'il n'y en aura jamais.

C'est donc à nous d'unir nos efforts pour donner la vie à une telle institution, nous sommes d'ailleurs assurés de la bienveillance du Conseil municipal de Paris, qui verrait avec plaisir cette création, laquelle ne pourrait que contribuer à ajouter au renom artistique de la Ville Lumière. Cette bienveillance se traduirait non seulement par un appui moral, mais par l'attribution d'une subvention que nous pouvons espérer devoir être assez importante, et qui en entraînerait certainement d'autres.

E. Baissy,
Premier prix de l'école de Munich.

M. Baissy. — En ce qui concerne l'école Estienne, voici l'extrait du procès-verbal qui vous indiquera comment y est considéré l'enseignement de la photographie (11 octobre 1912) :

« M. Fontaine dit qu'il a reçu trois demandes ou réclamations de diverses Chambres syndicales, et fait savoir que l'une d'elles, la Chambre syndicale de la photographie a délégué un de ses membres, M. Brissy, pour être entendu du Comité.

» M. Fernique, après M. le directeur, rappelle qu'il s'agit de l'éternelle question de l'enseignement de la photographie de portrait, que cette Chambre syndicale désire voir introduire à l'école, malgré toutes les décisions contraires qui ont été prises antérieurement.

» Le Comité décide néanmoins d'entendre le délégué de la Chambre syndicale de la photographie, qui est introduit. M. Brissy expose la thèse de sa Chambre syndicale et regrette en sa qualité de délégué du jury d'examen de fin d'année, de n'avoir eu à examiner aucun travail de photographie proprement dite. On lui répond que l'école étant destinée à former des ouvriers pour les industries du livre, il n'y a aucune raison plausible pour substituer l'enseignement du portrait à celui de la photographie de reproduction et d'illustration. Lorsque ce syndicat patronal, dont le titre exact est « Chambre syndicale de la » photographie et de ses applications », a fondé un prix à l'école Estienne, c'était pour récompenser les apprentis qui se destinaient aux divers procédés photomécaniques, c'est à-dire aux applications de la photographie. L'école n'a pas, par suite, à modifier ses programmes à ce sujet. Et M. Lampué ajoute : « Si la » Chambre syndicale de photographie veut créer elle-même une école de photo-» graphie de portrait, je prends l'engagement, autant comme conseiller munici-» pal que comme ancien photographe, de faire subventionner cette école par la » Ville de Paris. » M. Duval Arnoult fait la même promesse pour le département. »

Comme vous le voyez, messieurs, nous aurons l'appui moral et éloquent de M. Lampué au Conseil municipal, et je suis convaincu qu'il saura bien nous trouver un petit coin de terrain dans sa grande ville pour nous permettre d'élever enfin cette école que nous désirons depuis de longues années.

M. SÉRÉNI. — Il y a lieu de faire une différence entre les ouvriers étrangers, allemands surtout, sortant de l'école et les mêmes employés ou ouvriers sortant d'une école française. Les premiers sont tout prêts à exercer leur métier chez un patron pendant plusieurs années ; l'ouvrier français, au contraire, ne veut plus de patron, et c'est pourquoi, le plus vite possible, il s'établit, devient patron à son tour. C'est là leur seule ambition.

M. CAYEZ. — Mais qu'est-ce qui fait du tort au photographe... ce n'est pas le nombre des concurrents, c'est la qualité de ce nombre : il y a très peu de bons photographes : eh bien, du jour où il n'y aura plus de photographes malpropres, on pourra, sans dommage pour tous, être bien plus de photographes. (Applaudissements.)

M. ABLATO. — En Suisse, il y a eu la même discussion quand on a parlé de faire une école. La Suisse est un pays qui n'a pas suffisamment de ressources par lui-même, et c'est pourquoi l'école de Zurich n'a pas duré ; mais on a reconnu qu'il fallait qu'un photographe fit des études sérieuses de son métier, et c'est pourquoi la Suisse donne une subvention à l'école de Munich afin de pouvoir envoyer des élèves photographes en cette école. Quel a été le résultat de cela ; c'est que nous avons pu, en Suisse, relever nos prix. La maison Lacombe faisait autrefois payer ses cartes de visite 12 francs ; aujourd'hui c'est 30 francs. Ne parlons donc plus de mettre la lumière sous le boisseau ; nous n'avons pas de secrets.

pas de ruses : c'est la main, c'est l'œil, c'est la personnalité, c'est l'effet, c'est le goût du photographe qui font sa valeur ; en dehors de cela, il n'a point d'autre secret.

M. NADAR. — Messieurs, il nous faut frapper plusieurs fois sur un même clou pour arriver à l'enfoncer ; de même, il nous a fallu discuter plusieurs fois sur cette même question que j'ai déjà émise lors des précédents congrès, et qui avait soulevé l'enthousiasme de gens compétents qui nous ont accordé leur appui moral. Je ne citerai que Millerand et Trouillot, et que plusieurs conseillers municipaux qui tous nous ont promis leur appui pour nous faire attribuer un terrain propice à la construction de cette école.

Le Gouvernement, la Municipalité seront avec nous pour la réalisation de ce vœu. Cette question de l'École réunit tous ceux qui s'intéressent vivement aux progrès de la photographie, et bien souvent elle a été agitée par des hommes modestes, mais d'un dévouement si sûr, comme notre ami Ladrey, par exemple, que je vois se cacher au bout de cette table. (Applaudissements.)

Notre collègue Gerschel a fait un travail vraiment intéressant sur cette question, mais il ne faut pas oublier que nous avons ici un homme qui pourra toujours nous donner des conseils éclairés sur les cours à ouvrir (je veux parler d'Edouard Belin, qui a mérité notre admiration par son admirable découverte de la photographie à distance). Cet homme intelligent nous dira bien qu'il a dû cette découverte non seulement à son travail acharné, mais à l'étude approfondie qu'il a faite de toutes les questions photographiques à l'école de Vienne. Oui, l'école nous donnera d'excellents résultats, elle formera des hommes de science comme Belin, des hommes de goût comme Brissy qui est sorti premier de l'école de Munich. Mais, il ne faut pas réserver cette école au simple enseignement de la photographie portraitiste. Il faut aussi s'occuper des applications de la photographie qui sont intimement liées à elle même. C'est tellement vrai qu'on ne peut faire de la photographie sans s'occuper un peu des impressions photographiques, que le grand et savant docteur Eider qui dirige avec tant d'intelligence l'école de Vienne a fait changer le nom de celle-ci pour lui donner celui d'école des Arts graphiques.

M. BuAS. — Pénétré des observations de M. Panajou, comme de celles de MM. Nadar, Arlaud, Félix, Brissy et Gorce, je conclus qu'au point de vue artistique, comme au point de vue pratique, il nous faut l'école ; tout le monde dira comme moi qu'il faut apprendre et savoir son métier avant de vouloir l'exercer.

M. MÉLAT. — En somme la question qui nous occupe d'une façon si intense, peut se résumer ainsi : quels sont les avantages de l'école ? Un seul : faire des ouvriers connaissant leur métier ; remplacer des ouvriers allemands ou étrangers par des ouvriers français...

Quels sont maintenant les désavantages ?... Multiplication des photographes, professionnels ou amateurs, de là, concurrence multipliée aussitôt ; qualités techniques données à tous, aux riches comme aux pauvres qui seront dans un plus grand état d'infériorité vis-à-vis des premiers, qui, possédant la fortune acquerront les mêmes qualités techniques que les seconds.

Et puis, comme résultats qu'obtiendrez vous ? Vous aurez appris à tous ces jeunes gens des choses qu'ignorent sans doute les photographes actuels, comme par exemple la chimie (car la photographie, c'est de la chimie). Mais ce que vous ne pourrez apprendre aux portraitistes, et ce qui est cependant le plus important, c'est la pose. Si vous voulez leur donner des leçons de pose, quelle méthode pourrez-vous préconiser : est-ce celle des Reutlinger, des Félix, des Nadar, des Paul Berger; ou bien l'école américaine dont on a tant flatté la beauté hier, en ayant l'air de dire que nous sommes au trente-sixième en dessous? Qu'apprendrez-vous à ces jeunes gens quand il s'agira de pose ou de goût? Vous n'allez pas leur donner de leçons sur ceci qui constitue un don naturel.

Quant à la retouche, je ne sais pas pourquoi il est nécessaire de créer une école pour son étude, attendu que nous arrivons presque tous à faire du bon portrait sans retouche. Et quelle retouche faut il enseigner : celle qui consiste à tout enlever sans rien laisser, ou celle au contraire qui laisse tout sans enlever les défauts de la photographie. Dans nos maisons, il nous est facile de former un bon ouvrier en le façonnant pendant trois semaines.

Ce qui a fait baisser le niveau de la photographie en France, ce n'est pas la mauvaise qualité des employés et de la reproduction, c'est simplement parce que le public a été saturé de photographies faites à l'œil par ce que j'appellerai les rastas de la profession qui, pour se faire de hautes relations, donnent gratuitement les portraits des gens illustres en vue, hommes politiques, ministres, écrivains, auteurs à la mode. Il ne m'appartient pas de les nommer. Quant à l'école, la Fédération a son projet, elle vous l'apportera quand le temps sera venu.

M. Hénault. — Messieurs, je ne suis pas partisan de l'école, je vous le déclare, et pourtant j'estime ceci, c'est que si l'école est créée, peu m'importe par qui elle le sera. Or, Monsieur Méjat, il apparaît un peu dans vos paroles que vous trouvez mauvais le projet de la Chambre syndicale, parce qu'il émane de la Chambre syndicale, et c'est ce qui vous fait dire : à quoi servira l'école... à rien... ni à apprendre la retouche, ni la pose, ni le développement. Mais alors qu'importe que nous fassions l'école ici ou là? Si vous avez un projet, soumettez le à l'examen comme a fait notre collègue Gerschel du sien. Peut-être pourra-t-il rallier tous les suffrages. Ce que nous voulons faire, ce n'est pas l'école de tel ou tel parti, c'est une école nationale, qu'elle soit chez vous ou chez nous, vos enfants ou les nôtres, vos amis ou les nôtres pourront y venir dans des conditions semblables. L'organisation de cette école ne peut être envisagée dans un congrès, c'est simplement le principe que nous vous demandons de voter. Ensuite, on nommera, parmi tous les photographes de France, une commission chargée de réaliser ce vœu.

M. Martinet. — Je n'ai qu'un mot à dire: l'école est la base de tout métier : pour faire un mécanicien, un dessinateur, un mathématicien, comme un instituteur ou un tailleur, il faut apprendre, il faut aller à l'école. Les connaissances élémentaires de toutes les professions s'acquièrent en des écoles spéciales, dans notre métier, il y a deux questions : la question de forme et la question de goût; la première s'acquiert par l'étude, la deuxième qui est personnelle, innée dans l'individu, se développera, se perfectionnera, si nous lui en donnons le moyen. Nous avons des écoles pour former des enfants, l'école pour former des artistes, l'école de vrais photographes est indispensable, et je dis quant à moi que la France ne possédant pas cette école qui existe à l'étranger, c'est honteux pour la nation, mais encore bien plus pour la corporation qui ne sait pas forcer le Gouvernement à la création de cette école. *(Applaudissements.)*

M. Félix. — Vous êtes tous suffisamment documentés et éclairés sur la question. Je mets aux voix le principe de la création d'une école professionnelle de la photographie? (*Adopté à une énorme majorité : 6 voix contre, 4 abstentions.*)

M. Félix. — Votre vote, Messieurs, n'implique pas, malheureusement, que l'école soit faite. Il y a maintenant à ouvrir la période d'exécution ; je vous demanderai de la mettre sous l'égide de la Chambre syndicale avec un comité composé de noms que vous voudrez bien indiquer ou approuver. Voulez-vous me faire des propositions à ce sujet? Je vous propose MM. Nadar, Gerschel, Arland, Panajou, Brissy, Edouard Belin, Martin, Félix, Gorce, Martinet, et vous demande de nous laisser libres de faire appel à tous les concours de bonne volonté. (*Adopté à l'unanimité.*)

Maintenant, messieurs, que nous avons traité les deux premières et les plus importantes questions de ce Congrès, à savoir : la Société de secours mutuels et l'École, je vous rappelle qu'il en est une autre très importante, pour laquelle nous désirons qu'il nous reste le plus de temps possible. C'est pourquoi, si vous le voulez bien, nous allons activer la discussion des questions secondaires qui nous restent.

Au nom de M. Giraudon qui, très souffrant, regrette de ne pouvoir assister à notre Congrès, mais qui a fait les rapports qui lui avaient été confiés, je vais vous lire celui qui concerne les Éditeurs photographes dans les musées nationaux et provinciaux.

LES ÉDITEURS PHOTOGRAPHES DANS LES MUSÉES NATIONAUX ET PROVINCIAUX

Messieurs et chers Collègues,

Avant l'enlèvement de *la Joconde* du Musée du Louvre, les photographes qui avaient été admis et qui avaient pratiqué les musées nationaux, pendant quelque temps, étaient considérés comme étant de la maison et rien n'était aussi simple, pour eux, que d'obtenir l'entrée d'un musée pour y photographier.

Mais depuis, il a fallu déchanter, car cela ne va plus tout seul maintenant, jugez-en.

Pour obtenir une autorisation de photographier il faut :

1° Adresser, au directeur des musées nationaux, une demande à laquelle il faut joindre sa carte d'électeur, ou une quittance de loyer.

2° Une enquête sur votre personnalité, faite par l'intermédiaire de la Préfecture de police, la durée de cette enquête est de quinze jours à un mois ; si vous êtes pressé, vous voyez comme c'est commode.

3° Quand on a trouvé que vous êtes assez pur pour être admis, on vous accorde l'autorisation valable pendant *trois mois.*

Vous renouvelez la demande au bout de ces trois mois, si vous voulez continuer à travailler.

4° L'autorisation remise contient des cases, dans chacune desquelles le conservateur du département où vous devez photographier doit signer, elle comporte également le portrait et la signature du titulaire.

5° Lorsque vous voulez aller photographier, vous prévenez la veille par lettre et quand vous arrivez, un gardien est là qui vous sert d'escorte et de surveillant, pour tout le temps que vous travaillez au musée.

Toutes ces complications existent parce qu'il y a au Louvre un photographe qui a le monopole de faire déplacer les tableaux pour les photographier et que si ce monopole n'avait pas existé, on ne serait pas resté trente-six heures pour s'apercevoir que *la Joconde* n'était pas à sa place, parce que tous les employés qui en avaient la garde, croyaient que le tableau était à l'atelier du photographe.

Voilà, mes chers confrères, ce qu'a produit le monopole dans les musées nationaux.

Maintenant en ce qui concerne les musées provinciaux le régime est différent, c'est le bon plaisir qui y préside, car les musées appartenant aux villes, il est utile de savoir avant de demander l'autorisation quelle est la personnalité la plus influente, sans quoi vous échouerez, même si votre établissement est dans la ville.

Exemple : Il y a trois ans, la Chambre syndicale était saisie d'une plainte signée de tous les photographes de la ville, lesquels se plaignaient de ne pouvoir rien faire dans le musée parce qu'il était accaparé par un photographe amateur et de plus fonctionnaire.

L'amateur fonctionnaire avait obtenu de faire ce travail payé, pour illustrer un ouvrage fait aux frais de la ville, à l'exclusion des professionnels, qui payaient, eux, les impôts pour solder les frais du travail de leur concurrent amateur, en même temps que ses appointements de fonctionnaire.

La Chambre syndicale fit des démarches nécessaires pour obtenir justice pour ses confrères ; on répondit, en haut lieu, que l'on n'avait jamais refusé aux professionnels de la ville l'autorisation de travailler dans les musées.

Qui fallait-il croire ?

La personnalité qui faisait cette réponse ou *tous* les photographes qui avaient signé la plainte ?

Dans une autre ville il faut que la demande de photographier arrive à la minute précise et on vous... remet à l'année suivante.

Puis il y a la ville, où le conservateur du musée fait lui-même de la photographie et qui aime mieux faire les clichés que de laisser les professionnels travailler.

Et encore la ville qui donne le monopole à un photographe, à condition que ce dernier fasse les frais d'un catalogue volumineux qui ne se vend jamais.

Quand l'administration comprendra-t-elle que les photographes doivent avoir, dans les musées, les portes grandes ouvertes, que c'est à leurs reproductions que l'on doit de propager le goût de l'art, de faire admirer les chefs-d'œuvre et aimer tout ce qui est beau.

Aussi, mes chers confrères, nous vous convions à voter le vœu suivant :

« Les membres du cinquième Congrès national de la Photographie professionnelle :

» Considérant que les musées ont été institués pour faire connaître et conserver ce qui est beau et que le meilleur moyen de propager le goût de l'art est certainement la reproduction photographique, émettent le vœu :

» Que les musées soient largement ouverts aux photographes et que nulle entrave, monopole ou traité, ne puisse empêcher les photographes professionnels d'obtenir l'autorisation de travailler dans un musée national ou provincial. »

M. Félix. — Je mets aux voix l'adoption de ce rapport.

(Adopté à l'unanimité.)

M. Giraudon avait été également chargé d'un rapport sur la question du droit de reproduction des éditions photographiques.

Je vais, en son nom, vous en donner la lecture.

LE DROIT DE REPRODUCTION
DES ÉDITIONS PHOTOGRAPHIQUES

M. Giraudon, *rapporteur*. — Messieurs et chers collègues, dans les deux derniers congrès, organisés par la Chambre syndicale française de la photographie et de ses applications, il a été parlé du droit de reproduction ; on ne saurait trop y revenir et engager nos confrères à tenir la main à ce que le montant des droits qui leur reviennent, pour la reproduction des photographies faites par eux, ne leur échappe pas.

Il est bien facile maintenant d'exiger des reproducteurs le paiement de leurs droits et voici comment :

Quand vous vendez une photographie et que vous supposez que cette épreuve sera reproduite, vous prévenez le reproducteur ou l'éditeur de la reproduction, qu'il aura à payer un droit de 10 francs pour chaque photographie reproduite, qu'il devra faire imprimer sous chaque reproduction : cliché un tel, sinon il aurait à payer double droit.

Toute photographie reproduite sans autorisation en ne portant pas le nom de l'auteur doit payer triple droit.

Vous prévenez l'agent de la Société des auteurs photographes que ces reproductions ont paru ou doivent paraître dans telle revue ou volume et l'agent fera le nécessaire pour que vous receviez les fonds, moins la commission fixée par le règlement de la Société.

En aucun cas on ne doit réclamer moins de 10 francs par reproduction, quelle qu'en soit la quantité reproduite, pour le même ouvrage.

La Société des auteurs photographes a commencé à fonctionner au mois d'août 1905 et depuis cette époque elle a encaissé, en chiffres ronds, 160.000 francs environ et si tous les droits parus, avaient pu être identifiés, cette somme aurait plus que doublé.

Nous ne parlons là que de la Société des auteurs, mais à côté il y a quantité de confrères qui ont bénéficié de la création de la Société des auteurs, et de son influence, lesquels ont encaissé leurs droits, sans se soucier si les frais que la Société était obligée de faire pour soutenir le principe, étaient couverts par la commission sur les droits encaissés par elle.

Puis, il faut bien le dire, il y a les mauvais confrères, hélas ! il y en a toujours dans une corporation. Ces mauvais confrères ont profité de l'organisation de notre Société pour couper, pour ainsi dire, son essor, en offrant à la presse, pour rien ou presque, les droits qui étaient cotés 10 francs.

Il est donc nécessaire que vous teniez la main à ce que vos noms soient imprimés sous chaque reproduction-cliché, un tel nom suffit à vous trouver et à vous envoyer ce qui vous revient et si cette indication n'y est pas, l'agent de la

Société est désarmé, car il n'y a pas d'autre moyen de savoir que les reproductions sont de tel ou tel photographe.

Les membres de la Chambre syndicale sont adhérents de droit à la Société des auteurs photographes et sans payer de cotisation, donc rien de plus facile que de signaler à l'agence les reproductions parues ou à paraître. Nous terminons ce petit exposé fait dans l'intérêt de toute la corporation, et insistons pour que vous en preniez bonne note.

M. FÉLIX. — La parole est à M. Dodé pour la lecture de son rapport sur la concurrence mal comprise.

DE LA CONCURRENCE MAL COMPRISE NON PAR L'AMÉLIO= RATION DE LA PRODUCTION, MAIS PAR LA BAISSE DES PRIX, LES PORTRAITS=PRIMES OU SOI-DISANT GRATUITS, CERTAINS MODES DE COURTAGE, ETC.

DE LA CONCURRENCE DÉLOYALE.

M. DODÉ. — Messieurs, la question posée ci-dessus revient devant vous absolument dans le même état que lorsqu'elle vous a été soumise au Congrès de 1908, et je crains fort qu'il en soit de même à l'issue de ce nouveau Congrès, car si l'on peut polémiquer à l'infini sur cette question de concurrence, je ne crois pas qu'il soit possible de faire l'union sur un point aussi épineux. Je crois sincèrement que l'esprit syndicaliste n'est pas encore assez pénétré parmi nous, même chez ceux qui paraissent les plus fervents et les plus dévoués à la cause commune, pour demander à ces professionnels de renoncer du jour au lendemain à leur manière de travailler et de comprendre leurs intérêts personnels qui se trouvent généralement opposés à ceux de la collectivité. Et, ce serait demander à beaucoup de nos confrères de fermer leurs ateliers et maisons de commerce que leur demander de supprimer les éléments qui les font travailler et vivre honorablement, sous le prétexte de concurrence mal comprise.

1° Si j'examine la question de l'avilissement des prix, je me demande immédiatement à quel prix minimum commence cet avilissement et je n'ose sur ce point émettre un chiffre.

Certains établissements ont des frais généraux considérables, d'autres les ont très restreints, ce qui permet à ces derniers de faire des prix inférieurs et souvent de gagner plus d'argent que les premiers.

2° Il est évidemment regrettable qu'il soit depuis plus de vingt ans passé dans les coutumes de la majorité des maisons de photographie, de donner en prime avec chaque douzaine un agrandissement au bromure variant du 18 × 24 au 30 — 40 et parfois au 40 × 50, mais comment faire maintenant pour supprimer cet usage qui, bien qu'on en dise, a fait gagner beaucoup d'argent à ceux qui l'ont adopté. Aussi je ne crois pas que cela soit de la concurrence mal comprise et je suis certain qu'aucun professionnel dont la maison fonctionne bien sur cette base se résoudra jamais à changer son système qui serait immédiatement repris par un concurrent voisin.

3° La question des portraits gratuits donnés comme réclame ne peut non plus (à mon avis) être considérée comme concurrence mal comprise, car tout le monde ne voit pas la même chose et chacun fait sa publicité comme il l'entend. Je connais une maison qui a usé de ce moyen pendant plusieurs années pour se créer une clientèle de quartier et s'en est bien trouvée. Elle n'a abandonné ce genre de publicité que pour un autre plus productif.

4° Sur la question du courtage en photographie, il y a certainement beaucoup à dire, mais je me demande de quel droit cantonner chaque professionnel dans son quartier ou sa commune et l'obliger à attendre le client dans son atelier. J'estime qu'il y a pour le photographe comme pour n'importe quel autre industriel ou commerçant nécessité absolue de rechercher les affaires et les courtiers en photographie sont comme leurs collègues des autres professions, de simples voyageurs de commerce, et ce serait porter une grave atteinte à la liberté commerciale et même individuelle que de décréter leur suppression.

Il existe différents modes de courtage :

1° Le bon en trois versements;

2° L'abonnement à la semaine.

Ces deux systèmes rendent éminemment service à la classe ouvrière qui peut rarement faire une dépense de quelque importance sur le budget d'une semaine de salaire, et s'ils sont employés par des maisons acceptant franchement la responsabilité des engagements pris par leurs représentants, je pense que ce courtage est très intéressant.

3° Le courtage consistant à rechercher les personnalités en vue et à les conduire dans les maisons de photographie faisant de l'édition et la clientèle riche.

Est-ce de la concurrence mal entendue que de faire venir presque de force chez soi, des gens qui n'iraient probablement nulle part s'ils n'étaient pas ainsi sollicités?

4° Il existe cependant un courtage que l'on peut sans exagération qualifier de déloyal, c'est celui qui consiste à drainer toutes les photographies possibles et même impossibles à reproduire pour en faire des agrandissements plus ou moins laids, au détriment des auteurs des épreuves originales, en vue de la vente des cadres.

Les industriels qui font ce travail n'ont jamais fait de photographie de leur vie mais trouvent des professionnels qui leur font leurs travaux à des prix de famine. Il y en a qui livrent un agrandissement 30 40 encadré 40 50 pour 3 francs; et la publicité faite par ces professionnels dans les journaux photographiques lus par les amateurs et le public est souvent une cause de baisse de prix chez les photographes professionnels pour ne pas laisser partir le client. (Le droit d'auteur seul pourra mettre un frein à ce genre d'opération.)

Je pense, Messieurs, qu'il serait désirable de voir le relèvement des prix et je crois qu'il est possible de le faire en améliorant la production par l'emploi des papiers à virages de préférence à ceux par développement.

Les premiers demandant des connaissances pratiques plus étendues que les autres peuvent rester encore longtemps entre les mains professionnelles et inabordables aux amateurs.

Il serait aussi nécessaire d'exiger des professionnels de dénommer loyalement leurs produits et de ne pas livrer du bromure pour du platine et même pour du charbon, car c'est là un acte réel de concurrence déloyale.

Et maintenant, Messieurs, que je vous ai exposé mes idées personnelles, je vous prie de les discuter et de formuler vos vœux sur ces graves questions professionnelles. *(Applaudissements.)*

M. NADAR. — La question agitée par M. Dodé a déjà été traitée dans les Congrès précédents; elle est de celles qui nous passionnent. Tous ceux qui ont blanchi sous le harnais savent ce qu'on gagnait autrefois avec des agrandissements; ils savent combien la corporation tout entière a souffert de ces réclames qui promettent un agrandissement pour rien; je vous en prie, ne faites pas d'agrandissements gratuits; je ne vous dis pas : il faut absolument faire payer d'avance; non, cela dépend des clients, mais je dis : il faut faire payer.

M. BIOLETTO. — Je partage la façon de voir de M. Nadar, c'est-à-dire que l'on supprime tout portrait gratuit. Mais, avant de donner de bons conseils, encore faudrait-il les mettre en pratique. Il arrive que de grosses maisons font poser les clients à l'œil, des clients de marque.

M. NADAR. — On y est obligé, quand on a une collection à compléter; ainsi, moi, je complète la collection commencée par mon père. J'y suis forcé; quand j'invite un ministre, un écrivain à venir poser devant mon objectif, vous pensez bien que je ne puis les faire payer.

M. BIOLETTO. — Je n'ai nommé personne, un artiste, un membre du Gouvernement, constitue un cas spécial.

M. FÉLIX. — Sous réserve de toutes les choses dites, je mets aux voix l'adoption du rapport de M. Dodé.

(Adopté à l'unanimité.)

Je donne la parole à M. Gorce, il va nous parler de la patente et des ambulants.

RAPPORT SUR L'OBLIGATION DE LA PATENTE

M. GORCE. — J'ai reçu au Ministère des Finances les renseignements suivants sur la patente applicable aux ambulants.

On n'a pas prévu de distinction entre les photographes ambulants et les autres par la raison bien simple que le Ministère n'a pas eu à s'occuper officiellement de la question.

Cependant, en 1910, le Ministre ayant reçu une lettre anonyme lui dénonçant le péril des ambulants et le dommage qu'ils occasionnent aux photographes patentés, le directeur des Contributions directes consulté, émit l'avis qu'on devait taxer les ambulants de la même façon que les photographes établis, c'est-à-dire leur faire payer la cinquième ou la sixième classe selon qu'ils éliraient domicile dans une ville d'un plus petit ou d'un plus grand nombre d'habitants.

La cinquième classe paye un droit fixe qui varie de 7 francs à 50 francs suivant que la ville est de 2.000 habitants ou dépasse 50.000. A ce droit fixe s'ajoute le droit proportionnel sur les locaux occupés.

Il en est de même pour la sixième classe, celle que l'on applique aux photographes travaillant seuls. Le droit fixe varie de 3 francs à 40 francs pour cette classe.

Dans les deux classes le droit proportionnel est du cinquantième, du quarantième ou du trentième sur les locaux loués.

La patente est payée dans la ville où l'on a élu domicile. Et il est évidemment à redouter qu'un ambulant se fixe officiellement dans une cité de 2.000 âmes pour aller ensuite exercer à bon marché dans les villes de populations plus importantes. Mais il appartient aux polices municipales dont on peut toujours requérir l'intervention d'exiger d'un ambulant la production de sa quittance avant que de le laisser opérer en ville. Cette présentation d'un titre révélera du même coup si l'ambulant paye une patente en rapport avec celles qui sont payées par ses confrères de la ville où il vient exercer et l'on pourra toujours exiger la différence.

Quant à la patente des forains prévue à l'article « Jeux et établissements divers » elle n'est pas applicable aux photographes ambulants. Elle concerne exclusivement les établissements qui *font voir* des photographies.

M. Passaroc. — Au juste, qu'appelez-vous ambulant?

M. Gomce. — J'appelle ambulant un photographe qui, n'ayant pas d'atelier sédentaire, pas d'installation fixe, opère sur la voie publique, à droite ou à gauche. C'est encore celui qui va de pays en pays pour recruter une clientèle de passage. Vous pouvez non seulement empêcher d'opérer sur la voie publique avec l'aide des municipalités, mais encore chaque fois que vous le voudrez, vous pouvez requérir un agent qui lui demandera sa patente, son autorisation de stationner dans la rue et d'y travailler. Le commissaire de police et les agents sont tenus de par la loi de vous donner satisfaction sur ce point. Si un ambulant possédant une patente de la ville de Carpentras opère dans la ville de Paris, il sera obligé d'acquitter la différence entre les droits payés à Carpentras et ceux qui sont payés à Paris. Le moyen le plus simple de se débarrasser autant que possible de ces ambulants, est de faire appel aux municipalités, mais il ne faut pas demander de mesures d'exclusion générale, car vous aurez contre vous les amateurs et les entreprises de cinématographe qui opèrent en plein vent et que vous gêneriez. Je vous propose donc de faire tous, dans chaque localité habitée par vous, une démarche auprès de la municipalité, et de nous entendre tous à propos de cette démarche, afin que dans toutes les parties de la France nous n'ayons qu'une seule formule contre les ambulants, consistant dans la demande d'interdiction de faire du portrait dans la rue.

Nos confrères des villes d'eaux se sont plaints de tous temps que pendant la saison balnéaire, les plages étaient envahies par des ambulants qui faisaient une concurrence redoutable aux professionnels établis dans la localité. Les plages, en réalité sont des terrains nationaux, mais, il m'a été dit par la préfecture que le maire a le devoir d'y assurer la circulation, il a donc le droit de police même sur la plage. Je vous mets en garde contre toute demande de mesure de persécution, d'exception. Il faut demander des mesures raisonnables, en harmonie avec les arrêtés de police réglementant la circulation; pour obtenir le respect de vos droits il faut vous-mêmes respecter ceux des autres.

En conséquence la Chambre syndicale vous engage à demander que la rue ne soit plus concédée pour faire du portrait, en un mot, qu'il soit interdit de transformer la voie publique en atelier de photographie. Il faut excepter de cette mesure ceux qui, ayant un atelier, sont parfois obligés de se servir de la voie publique pour prendre des vues de monuments ou faire des clichés, par exemple, un constat d'accident.

Nous avons été trouver plusieurs fois M. Lépine à ce sujet, et nous lui avons demande qu'il veuille bien accorder des coupe-file aux professionnels qui sont appelés à opérer parfois en plein air. Nous ne les avons pas obtenus. Nous avons eu toutes sortes d'ennuis, parce que la question avait été mal posée, et les professionnels eux-mêmes ont été gênés par les mesures sollicitées par eux. C'est pourquoi il est nécessaire d'adresser la même formule à tous les maires, afin de ne pas créer des difficultés qui seraient regrettables et préjudiciables. Sollicitez des mesures de police pour empêcher les ambulants de vous faire du tort, mais évitez de vous gêner vous-mêmes.

M. PANAJOU. — Messieurs, nous sommes tous victimes de ceux qu'on appelle les ambulants. Le moyen préconisé par M. Gorce me paraît imparfait. Il n'y a qu'un seul moyen et c'est celui que nous avons employé à Bordeaux. Dans cette ville, nous avons obtenu qu'il faille une autorisation municipale pour faire de la photographie dans les rues, et l'autorisation n'est pas accordée aux ambulants. Émettez un vœu : c'est que cette autorisation ne soit accordée qu'aux professionnels résidant dans une ville, ou aux touristes qui, sans pied, prennent une vue, un monument public.

M. GORCE. — Le moyen est excellent, je le reconnais, mais je vous préviens que vous ne l'obtiendrez pas partout, la preuve en est que nous ne l'avons pas ici. Vous l'avez obtenu à Bordeaux en vertu d'une exception, d'une faveur, et non en vertu d'un droit de police. Si vos municipalités y consentent, il faut en profiter ; mais, en quelques endroits, vous allez vous trouver en présence de municipalités socialistes qui, protégeant l'ambulant, vous refuseront cela, en disant : « la loi est faite pour tout le monde et non pas pour une petite catégorie de personnes, de commerçants ». Tâchez donc d'obtenir l'application du règlement de police dans toutes les villes, car nul ne peut occuper le sol de la voie publique sans autorisation pour faire des portraits. En demandant cela, vous ne réclamez que la cessation d'une faveur abusive, accordée à l'ambulant.

M. MARTINET. — Je suis d'avis qu'on devrait faire patenter tous les ambulants, de la patente faire une obligation dans tous les centres ou dans toutes les communes françaises. Ceci nous permettra à nous qui sommes en règle avec la patente, d'opérer dans la rue pour faire des groupes, par exemple, des noces, des groupes scolaires, etc.

M. GORCE. — Ne comptez pas trop sur l'obligation de la patente pour supprimer les ambulants ; beaucoup la paieront.

M. PANAJOU. — Si nous pouvions obtenir une loi réglant cette question.

M. GORCE. — Vous n'obtiendrez pas la loi, car on crierait à la persécution. D'ailleurs les règlements de police existants vous donnent satisfaction si vous veillez à ce qu'ils soient appliqués. Lorsque vous pourrez obtenir davantage, incontestablement, il faudra en profiter.

M. NADAR. — Cette question est des plus importantes, et il faut que notre corporation soit protégée dans la mesure où elle doit l'être. Une loi qui interdirait toute liberté de travail dans la rue me choquerait : il y aurait une atteinte à la liberté. J'approuve M. Panajou lorsqu'il demande que les professionnels soient seuls autorisés à travailler sur la voie publique.

M. FÉLIX. — Messieurs, je crois que nous devons en rester sur le terrain où se sont placés les photographes de Bordeaux. Il faut engager tous nos collègues à faire auprès des municipalités une démarche similaire à celle faite par Bordeaux.

M. Raymbaud. — A Grenoble, Aix-les-Bains, Annecy, Chambéry, nous avons aussi obtenu l'interdiction. A Grenoble, nous nous sommes trouvés en présence d'un ambulant ayant loué un petit magasin dans la ville, et qui se disait sédentaire. Il avait l'habitude d'opérer dans le jardin public, et, pour la livraison, il donnait son adresse. Nous nous sommes plaints au maire qui a rédigé un règlement de police ordonnant de faire une demande d'autorisation pour opérer sur la voie publique, autorisation qui n'est refusée ni aux touristes, ni à l'éditeur de cartes postales, venant prendre des vues.

M. Labbey. — A Neuilly, il s'est passé un fait semblable, et le maire à ma plainte, a répondu qu'il ne pouvait rien faire.

M. Félix. — Pour clôturer le débat, je vais mettre aux voix la proposition suivante : tous les professionnels feront des démarches auprès des municipalités pour obtenir que l'on ne puisse opérer sur la voie publique sans autorisation.

En somme, que ce qui s'est fait à Bordeaux soit demandé dans toutes les communes.

Êtes-vous de cet avis? (*Adopté à l'unanimité.*)

Maintenant, Messieurs, à la question 9 : *Cartes postales étrangères,* par M. Gilletta.

M. Longuet. — La demande de M. Gilletta ne peut avoir de suite. Le mot « importé » dont il préconisait la mention sur les cartes étrangères, ne doit pas figurer dans l'envoi parce que cela est contraire à la loi.

M. Félix. — Nous passons à l'adoption du vœu 14, ainsi conçu : « Vœu concernant la création, par l'Administration compétente, d'un service permanent pour l'acquisition, le classement normal de tous les documents photographiques, qui contribueront par la suite à notre histoire nationale : monuments, vues, transformations de voies et perspectives, portraits, bandes cinématographiques enregistrant les principaux événements. » (*Adopté à l'unanimité.*)

Vœu 15. — Des inconvénients et des dangers de l'exhibition et de la publication de certaines photographies.

Ce vœu, adopté par les précédents congrès est rappelé ici pour mémoire. Nous ne pouvons que l'adopter. (*Adopté.*)

Notre ordre du jour ne comporte plus qu'une question, mais elle est peut-être la plus importante, et c'est pour laisser à la discussion que pourrait soulever cet article toute son ampleur que j'ai fait mettre un peu de hâte dans la discussion des dernières questions.

Personne n'a plus rien à dire sur d'autres points? Je vais donc vous proposer de terminer notre ordre du jour et de clôturer notre Congrès avec la question numéro 8 qui porte sur *l'Entente générale entre les membres de la corporation,* dont M. Panajou est rapporteur.

ENTENTE GÉNÉRALE
ENTRE LES MEMBRES DE NOTRE CORPORATION

M. Panajou. — Au reçu de la mission que me confiait la Chambre syndicale de Paris d'avoir à rédiger un rapport sur l'entente générale entre les membres de notre corporation, mon premier mouvement fut de décliner cet honneur.

Les luttes soutenues au nom du Syndicat de Bordeaux et du Sud-Ouest au Congrès de Lyon et dans la presse photographique ne paraissaient être de nature à ne pas être qualifié pour remplir le rôle de médiateur.

Mais après mon examen de conscience et, reconnaissant d'autre part, quoi qu'on en pense, la droiture et l'esprit d'équité qui règnent parmi les dirigeants de l'un et de l'autre camps, sachant qu'en faisant appel à leur sentiment de fraternité ce ne serait pas en vain, j'ai accepté.

J'ai accepté parce que j'ai la foi et la volonté d'aboutir. Puis, mes collègues tiendront compte de mon âge, de mon indépendance absolue et du désir bien sincère de voir la paix régner parmi nous, parce que dans ma carrière déjà longue de labeur professionnel et de travaux philanthropiques, rien jusqu'ici ne m'a tant tenu à cœur; je l'avoue sans fausse honte, l'entente générale entre les membres de notre corporation par ma modeste entremise serait, si elle se réalisait, une des grandes joies de mon existence, mes collègues me l'accorderont.

Mais pourquoi sommes-nous désunis, qu'est-il donc ce passé, auteur de tous ces maux?

Certes, si froidement, mettant de côté tout esprit de parti on veut l'examiner, on s'aperçoit, comme dans le bâton qui flotte, que de loin c'est quelque chose et de près ce n'est rien.

Les reproches faits à la Chambre syndicale sont de deux ordres :

Le premier, de n'avoir rien fait si ce n'est d'avoir vécu depuis sa fondation.

Le second d'avoir permis à quelques dirigeants de tirer parti de leur situation comme membres du bureau.

Ces deux reproches sont beaucoup exagérés, si dans le premier cas tous les problèmes posés actuellement n'ont pas été résolus, cela tient simplement à ce que pendant de longues années les photographes de province se sont complètement désintéressés de la question syndicale dont l'utilité était discutable, tout allant bien; il a fallu les mauvaises années de lutte âpre de nos jours pour les faire sortir de leur torpeur; cependant on ne peut nier que des résultats appréciables et d'un intérêt général avaient été obtenus.

Pour le deuxième, d'ordre tout à fait personnel, je me suis demandé comment un membre du bureau, serait-ce le premier, pourrait tirer profit de son titre, j'avoue que dans ma modeste sphère, en tant que président, je n'ai pu m'attirer que du travail cérébral payé quelquefois par de l'ingratitude, mais cela est lot commun à ceux s'intéressant aux choses publiques et sans abuser des dictons je crois devoir ici placer celui bien connu : qu'il est fort difficile de contenter tout le monde et son père.

Cependant, en compulsant les procès-verbaux des séances de la Chambre et à la lecture des journaux, j'ai dû constater que des incidents violents et regrettables avaient eu lieu en assemblée générale et qu'une mesure toujours déplorable, l'expulsion d'un sociétaire, avait déchaîné l'orage et avait été le point de départ d'une scission parmi les photographes de Paris.

Il n'entre pas dans le rôle de votre rapporteur de savoir si les violences prononcées dans cette réunion étaient préméditées comme semblent le dire quelques-uns, il croit plutôt à un emballement irraisonné de l'orateur, à son manque d'habitude de la parole et au désir qu'il avait de voir triompher ses idées.

Car, reportons-nous à l'époque où s'est produit cet incident : les syndicats provinciaux venaient de se former créant une agitation réelle parmi nos confrères qui voyaient dans ces formations le Messie sauveur et *a priori*, n'admettaient pas que la Chambre parisienne n'ait pu d'elle-même enrayer la crise dont nous souffrons, et alors, il fallait un responsable, en l'espèce, la Chambre : le foin se faisait rare au râtelier, les chevaux commençaient à se battre.

C'est donc dans la crise commerciale qu'il faut chercher le véritable motif de cette lutte fratricide, et c'est au moment précis où nos efforts ont besoin d'être combinés pour essayer de regagner les affaires perdues, alors que l'union se fait de plus en plus urgente, que nous voyons nos troupes se disséminer et plus encore se combattre !

L'esprit frondeur de notre race est aussi en partie cause des faits auxquels nous assistons, mais l'histoire est un éternel recommencement et nous montre que le bon sens reprend toujours ses droits, en ce qui nous concerne, cela ne saurait tarder.

Si maintenant nous envisageons la situation sur d'autres points qui nous divisent, nous devons constater qu'elle n'est tout de même pas aussi grave qu'elle le paraît de prime abord, car de part et d'autre les bonnes volontés, pour une conciliation, ne font pas défaut, il suffit donc de trouver le terrain d'entente et il n'y a pas impossibilité. Examinons donc ces griefs réciproques : nul ne saurait nier que le siège d'une Fédération doit être à Paris, la décision prise récemment par le groupement lyonnais en fait foi, ils ont indéniablement reconnu ce principe, puisqu'ils ont désigné un des leurs, habitant Paris, pour pouvoir correspondre directement avec les Ministères et c'est logique, car tous ceux représentant les syndicats régionaux, pourront être en contact suivi avec nos dirigeants, nos affaires, notre instruction professionnelle, voire même nos plaisirs nous appellent souvent dans la capitale. On le voit, ce point est devenu commun par la force des choses et ce n'était pas une des moindres causes de désunion. Pourtant, lors du Congrès de Lyon en 1911, c'est une question de convenance personnelle qui l'avait fait désigner à la majorité, la plupart des délégués habitant les régions de l'Est et du Sud-Est n'avaient vu dans cette désignation que la proximité de cette ville de la leur, faisant ainsi passer l'intérêt particulier avant l'intérêt général.

Ceci établi, que reste-t-il ?

Savoir par qui et comment sera administré ce groupement.

La Chambre syndicale, par la modification de ses statuts, ouvre toutes grandes ses portes, l'autonomie de chaque syndicat y est proclamée, le bureau devient ainsi le porte-parole et l'exécuteur des désirs émis par la province et, très simplement, sans complications, sans avoir recours à une hiérarchie flattant peut-être l'amour-propre des syndicats, devanture dorée qui masque un outillage trop compliqué, tout naturellement, dis-je le bon travail se fera et surtout, point important, il se fera rapidement.

Sans doute, des modifications peuvent être apportées à cette manière de voir et je suis convaincu, j'en ai eu l'assurance, la Chambre syndicale n'y fera pas obstacle, points de détails qu'il y aura lieu d'étudier, mais déjà l'organisation existante est amplement suffisante pour rendre à notre groupement les services auxquels il est en droit d'attendre.

Et maintenant, mes chers Collègues, permettez-moi de conclure comme j'ai débuté, en faisant appel à tous sans exception, qu'ils veuillent bien voir le but vers lequel nous devons tendre, qu'ils fassent abandon de leurs préférences d'un moment, qu'ils pensent bien que rien n'est parfait parmi les hommes, mais que tout est perfectible, c'est la loi du progrès et il faudra en user, mais surtout, je les en supplie, qu'ils oublient ces questions de personnes et ce qu'on appelle vulgairement l'amour-propre mal placé, en agissant ainsi ils auront fait œuvre de bons confrères et en aidant à fonder l'union, ils auront, suprème orgueil, la reconnaissance de tous les photographes de France. *(Longs applaudissements.)*

M. FÉLIX. — La parole est à M. Rambaud, de Grenoble, qui veut nous faire une communication personnelle avant la lecture d'une lettre adressée au Congrès par le Syndicat de Grenoble.

M. RAMBAUD. — Messieurs, en prenant ici la parole, je tiens à vous déclarer tout d'abord et afin d'éviter tout malentendu, que je le fais en mon nom personnel, que je n'ai et ne puis avoir aucun mandat de la Fédération dont je suis le secrétaire. Veuillez donc ne voir en moi qu'un confrère désireux de voir s'établir une entente qui me parait utile aussi bien pour le développement des syndicats que pour le succès des intérêts de la corporation.

C'est vous dire que je parle ici sans le moindre parti-pris, dans l'intention de trouver une issue à une situation qui fut parfois tendue et qui empêche l'union complète des photographes de France.

J'espère, Messieurs, que de votre sagesse à tous sortira tout à l'heure une solution qui, en respectant les droits acquis de chacun, permettra une entente durable.

Cette solution, sous forme de proposition ferme et précise, pourra être soumise à l'étude de la Fédération et de la Chambre syndicale et recevoir son application après que les syndicats l'auront discutée et adoptée.

Ceci posé, voyons quelles hypothèses se présenteront pour solutionner la question.

1° Disparition de la Fédération, fusion des deux organismes.

Il suffit, Messieurs, de considérer d'une part la composition de la Chambre syndicale, d'autre part, celle de la Fédération, pour comprendre que ce n'est point de ce côté que nous devons chercher la solution.

La Chambre syndicale est composée de membres individuels, c'est un syndicat.

La Fédération ne compte pas de membres individuels, ses membres, ce sont des syndicats. Elle est constituée sous l'égide de la loi comme *union de syndicats*.

En outre la Chambre syndicale a à s'occuper de la photographie et de ses applications; son but et sa composition sont donc plus étendus que ceux de la Fédération spécialement composée de syndicats de photographes.

Lorsqu'il s'agit de nos intérêts professionnels proprement dits ces intérêts ne peuvent être discutés que par des photographes qui, seuls, doivent entrer en ligne de compte. En disant cela, je n'ai point l'intention de manifester de la défiance ou de l'animosité contre qui que ce soit, j'exprime seulement ma pensée fort simple, fort rationnelle, et que j'ai vu partager par tous nos confrères.

Je vous ai montré que la fusion de la Chambre syndicale et de la Fédération n'est point possible, j'ajoute que la disparition pure et simple de cette dernière ne l'est pas davantage.

Nous ne pouvons pas supposer que les syndicats de France acceptent de briser le trait d'union qu'ils ont établi entre eux.

Lorsqu'on fait acte d'unité entre différents organismes de même but et de même tendance, on ne demande point à l'un de ces organismes de disparaître au profit de l'autre, ce serait là un moyen injuste et peu désigné pour établir la concorde.

Non! On cherche au contraire à faire vivre ces organismes en bonne intelligence, ou, si cela paraît plus avantageux, on les supprime tous et on crée quelque chose de nouveau qui englobe le tout.

Nous en venons ainsi à étudier la deuxième hypothèse, c'est-à-dire l'existence simultanée de la Chambre syndicale et de la Fédération, telles qu'elles existent à l'heure actuelle, mais une existence nouvelle se poursuivant sans vexations, dans des termes amicaux. On passerait un bon coup d'éponge sur tout ce qui a été dit, on n'en parlerait plus... On emploierait à l'avenir son temps, son talent et son argent à faire du bon travail, à discuter des questions intéressant la corporation au lieu de les dépenser à se lancer mutuellement des pointes.

J'estime que ce petit jeu est aussi nuisible à votre Chambre syndicale qu'aux syndicats composant la Fédération.

J'estime qu'il est absolument déplorable pour l'organisation syndicale de la France photographique, organisation qui me paraît plus que jamais nécessaire d'activer et de rendre puissante.

Si je viens d'évoquer le souvenir de ces discordes c'est dans l'espoir que tous, tout à l'heure, vous vous joindrez à moi pour procéder à la cérémonie de leur enterrement définitif.

Troisième hypothèse : Adhésion de la Chambre syndicale à la Fédération actuelle. — Je ne me fais, Messieurs, aucune illusion sur l'accueil qu'une telle proposition recevrait au sein de la Chambre syndicale. Je ne la note donc que pour être complet dans mon exposé et je n'insiste pas.

Quatrième hypothèse : Organisation d'un nouveau congrès, en dehors des organismes existants, par une commission mixte. — Création d'une nouvelle Fédération dont le siège serait à Paris.

Cette Fédération comprendrait tous les syndicats, y compris la Chambre syndicale et les syndicats restés indépendants. Elle remplacerait la Fédération actuelle avec un nouveau titre, si l'on veut, de nouveaux statuts et un nouveau Comité qui serait pris dans tous les syndicats et dans la Chambre syndicale.

Messieurs, telles sont les grandes lignes de la dernière solution qui puisse se présenter. Il me semble que c'est dans ce sens que nous devons chercher, il me semble que là est le terrain d'entente, que là est le moyen de ménager toutes les susceptibilités et d'arriver au groupement le plus complet, groupement nécessaire à la défense de la corporation.

Si vraiment vous voulez l'entente, si loyalement vous voulez l'union (et j'espère que tous vous la désirez ardemment ici), comme la demandent tous nos confrères de France, je vous demande de vous rallier à l'ordre du jour qui vous a été adressé par le Syndicat dauphinois, et à marquer ainsi, d'un premier pas, votre volonté d'aboutir. (*Applaudissements.*)

M. Félix. — Permettez-moi de vous donner lecture de la lettre du Syndicat dauphinois.

« Le Syndicat dauphinois, réuni le 12 novembre 1912.

» Adresse aux confrères réunis à Paris son fraternel salut; constatant que la question de l'entente est à l'ordre du jour, il fait à tous les congressistes un pressant appel en faveur de la conciliation et de l'union des deux organismes représentant la photographie

» Il les adjure de faire l'effort nécessaire pour aplanir les difficultés, persuadé qu'avec le temps, une entente complète sera possible.

« Le Syndicat émet le vœu, d'autre part, dans le cas où le temps matériel manquerait au Congrès pour solutionner cette importante question, qu'il soit nommé, à l'issue du Congrès, une Commission prise par tiers parmi la Chambre syndicale, la Fédération et les indépendants, pour chercher un terrain d'entente et préparer un texte qui pourrait servir de base de discussion à un prochain Congrès.

» Que les griefs soient oubliés de part et d'autre et que tous ms marchent la main dans la main pour le bien et le salut de la corporation.

Pour le Syndicat :

Le Président,

» MARTINOTTO. »

Déclaration de la Chambre syndicale.

M. FÉLIX. — L'entente entre tous les photographes est à l'ordre du jour de ce cinquième Congrès.

Au nom de notre Chambre syndicale, je tiens à vous dire comment nous la comprenons afin de dissiper toute équivoque.

Tout d'abord pourquoi veut-on réserver aux seuls « portraitistes ayant un atelier de pose sédentaire », une place dans nos associations?

N'oublions pas, Messieurs, que, si notre métier exigeait, il y a quelques années, des connaissances techniques étendues, les progrès l'ont rendu aujourd'hui accessible à tous.

Il est donc contraire à nos intérêts de nous renfermer dans une partie de notre profession à la merci du premier venu. Il faut réagir, et ne plus laisser fuir les « applications » de la photographie, dont logiquement nous aurions dû profiter. *Nous avons gardé la poule, pendant que d'autres profitaient des œufs qu'elle pondait.*

La photographie a engendré : la photogravure, la phototypie, l'héliogravure, la cinématographie, etc., pourquoi n'avons-nous pas fait nôtres ces enfants?

Les imprimeurs qui firent des catalogues grâce à nos photos, nous montrent que nous pourrions les faire.

Pour les cartes postales, c'est mieux, nous vendons nos clichés que d'autres se contentent tranquillement d'exploiter.

L'avenir appartient à celui qui n'est pas hypnotisé par la routine. Il faut sortir du portrait, il n'est plus suffisant pour nous faire vivre.

Nos associations doivent donc comprendre tout ce qui nous intéresse afin que chacun de nous y trouve les idées et les renseignements utiles à son existence. Voilà pourquoi nous avons été, nous sommes et resterons la Chambre syndicale française de la photographie et de ses applications. Dans ces conditions, le principe d'adhésion à la Fédération ne peut pas se poser.

Nous considérons d'ailleurs et ici permettez-moi de vous dire que je n'ai l'intention de blesser personne, c'est amicalement, sans aucune animosité que je prononce ces paroles, nous considérons, dis-je, que l'existence de cette Fédération est précaire malgré le bon vouloir et le dévouement de certains de ses dirigeants auxquels personnellement je suis très heureux ici de rendre hommage.

Son système de *referendum* qui, théoriquement, semble parfait, ne peut donner, dans la pratique, aucun bon résultat ; à la longue même, il séparerait, je le crains, notre corporation, car il met en contact des intérêts personnels et locaux souvent complètement opposés, suivant les mœurs et coutumes de chaque région.

Les syndicats de province sont pourtant utiles. La Chambre syndicale, la première, en a encouragé la fondation ; mais leur intérêt existe, surtout au point vue local.

Ils ont, dans beaucoup de cas, toute autorité auprès des maires (ainsi que vient de nous le prouver notre ami Panajou), auprès des chefs de corps, des inspecteurs d'académie, pour les influencer en leur faveur et obtenir particulièrement pour leurs membres, ce que la liberté du commerce défend de demander au point de vue général.

Mais ils doivent, avant tout, rester indépendants.

Ce qu'ils peuvent faire dans l'intérêt corporatif, c'est porter à la connaissance de tous les résultats obtenus, afin que tout autre syndicat ou individualité puisse, le cas échéant, s'appuyer sur un précédent pour une réclamation.

C'est ici que la Chambre syndicale peut s'offrir comme point de centralisation.

Son bulletin mensuel porterait à la connaissance de tous les photographes chaque victoire remportée par un syndicat particulier, et, tout autre syndicat pouvant en faire son profit, aurait ainsi les éléments pour réclamer les mêmes avantages. Ce même bulletin publierait en outre tout ce qui intéresserait notre corporation et ses applications, pour le bénéfice et le profit de tous.

En résumé, voici ce que nous pouvons proposer :

Liberté à chacun de faire partie, en province, du syndicat qui lui convient, et autonomie complète de chaque syndicat.

Centralisation au siège de la Chambre syndicale de tous faits intéressant la corporation.

Publication dans le Bulletin de la Chambre syndicale de tous résultats obtenus par un syndicat ou par une individualité.

Promesse absolue de la Chambre syndicale de faire toutes démarches auprès des pouvoirs publics, lorsque le but à atteindre sera d'intérêt général.

Enfin, mes chers confrères, la Chambre syndicale offre aux syndicats sa franche et dévouée collaboration, tout en leur laissant l'indépendance, mais elle tient à garder la sienne. (*Longs applaudissements.*)

M. Bras. — Venu de Montpellier, j'en représente tous les photographes qui autrefois ne se connaissaient pas les uns les autres, et qui maintenant, après avoir donné le coup de clairon des syndicats, sont heureux de se connaître, de se donner quelques conseils. Le congrès nous a réunis d'une façon définitive, car nous avons tenu une séance pour nous concerter à ce sujet, et, messieurs, l'entente est telle à Montpellier à l'heure actuelle que je vous en donne une preuve certaine en vous disant que je suis venu à Paris, au milieu de vous, envoyé par tous les photographes et avec leur argent. Ils m'ont chargé de vous dire qu'ils sont désireux de voir la plus entière union régner parmi tous les membres de la corporation, et qu'ils vous aiment tous beaucoup ; je vous salue donc tous ici en leur nom. Ils regrettent tous qu'il y ait des disputes entre les photographes qui devraient au contraire s'entendre afin de lutter contre la concurrence et contre l'avilissement des prix. Je dois dire que j'ai été heureux de constater pendant ces deux jours que la Chambre syndicale n'avait prononcé que des paroles de paix et de concorde et nulle parole agressive telles que celles que tout le monde a lues depuis quelque temps. La Chambre syndicale semble devoir centraliser tous les photographes: elle se recommande à eux par sa situation, par son ancienneté et par ses relations; de plus elle est placée à Paris, connaît et aborde facilement les pouvoirs publics. C'est à elle que doit être confié le soin de faire l'union complète entre les photographes qui sera saluée avec joie par mes collègues de Montpellier. (*Applaudissements.*)

M. Gorce. — Permettez moi de féliciter M. Rambaud à titre individuel des paroles qu'il vient de prononcer. Nous ne sommes pas habitués à pareil langage aussi courtois, et nous sommes heureux de l'entendre; mais la Chambre syndicale a accompli une œuvre considérable dont nous bénéficions tous; elle est une organisation puissante, qui s'occupe de la photographie et de ses applications, il faut la prendre comme elle est, on ne peut la modifier; il n'est pas possible d'extraire d'elle telle ou telle catégorie; nous n'admettrons pas qu'une portion d'elle puisse se disjoindre. Sur ce point, à la Chambre syndicale, nous avons des divergences d'idées avec la Fédération.

M. Dubry. — Il y a deux ans, Monsieur Rambaud, le Syndicat de l'Anjou a fait la proposition que vous apportez ici aujourd'hui, et les Lyonnais n'en ont pas voulu.

(*A ce moment MM. Biotello et Méjat quittent la salle. Des rumeurs et des protes- tations se font entendre.*)

M. Félix. — Messieurs, je vous en supplie, un peu de silence. Les portes d'un congrès sont faites pour entrer comme pour sortir. Nul n'a le droit de contraindre quelqu'un à rester ici, si tel n'est pas son agrément. Laissez sortir sans protestations ceux qui désirent s'en aller et continuons la discussion.

M. Gorce. — D'ailleurs, nous avons encore d'autres divergences de vues avec la Fédération. Nos méthodes de travail ne sont pas les mêmes. A la Chambre syndicale, nous confions aux plus dignes ou à ceux qui nous paraissent les plus qualifiés la direction de la Chambre pour une période déterminée, en les laissant faire ce qu'ils croient utile pour le bien de tous.

Vous avez au contraire à la Fédération un Comité exécutif dont la mission consiste à faire des référendums perpétuels. Or, nous connaissons tous les résultats obtenus par ce moyen. Quand on étudie une question d'ordre général, qu'arrive-t-il? On se heurte à des difficultés insurmontables. Telle localité pensera ceci, l'autre tout le contraire. On se trouve en présence d'une minorité qui prétend ne pas se laisser imposer les décisions de la majorité et quelquefois au vote, on arrive avec 50 voix pour et 40 voix contre. Tout cela divise toujours davantage la corporation. Pourquoi ne pas garder votre autonomie en nous laissant la nôtre intacte puisque nous ne travaillons pas de la même façon.

M. Félix. — La conclusion de tout ceci est très simple. Nous, Chambre syndicale, nous reconnaissons que la Chambre syndicale peut enregistrer toutes les questions, toutes les plaintes des différents syndicats de province, qui doivent exister. Toutes les questions d'intérêt local doivent être traitées par ces syndicats, qui s'entendent avec les municipalités, et qui conservent entièrement leur autonomie. Pour les questions d'intérêt général, la Chambre centralise tous les vœux des syndicats, fait voter sur ces questions, et fait toutes démarches utiles au près des pouvoirs publics pour pouvoir procurer un bien être quelconque à la corporation entière.

M. Panajou. — Je suis étonné des paroles prononcées par M. Gorce. Son cri paraît être un cri de guerre et, je suis encore plus étonné que ce soit M. Gorce qui ait pris la parole en cette circonstance où il n'est question que des intérêts des portraitistes. Je ne tiens pas en ce moment à soulever un tollé général, mais je dis ma façon de penser loyalement et sincèrement. Mon plus grand désir, c'est de voir l'entente se faire aujourd'hui définitivement, courtoisement. Ce serait une joie pour mon cœur d'assister à des témoignages de fraternité entre tous les photographes de France; j'aime la Chambre syndicale depuis longtemps déjà et je lui suis resté fidèle, mais je voudrais qu'elle oubliât toutes les injures qui ont pu lui être faites, pour hâter l'union qui est préférable à tout. Je suis donc étonné et péniblement surpris d'entendre des discours dans lesquels on semble repousser l'entente. Si c'est la paix qu'on veut, pourquoi prononcer de telles paroles; si j'avais été mis, dans la discussion, en face d'un portraitiste, j'aurais pu discuter; mais je me trouve justement en présence de quelqu'un qui ne se trouve pas mêlé dans l'affaire, alors cela devient plus grave. Reprenons donc entre nous, les intéressés, la proposition de M. Rambaud, à savoir : qu'une commission mixte soit nommée; cette proposition, vous avez le droit de la combattre, mais vous n'avez pas le droit de la fausser, ni de m'imposer de vous suivre dans vos raisonnements qui tendent à la dénaturer. Moi, je n'ai aucun intérêt de parti, je me trouve avoir des amis dans l'un et dans l'autre camp. Je suis resté neutre jusqu'à présent; à Bordeaux, nous travaillons pour l'entente commune, l'union, et au moment où nous la voyons se dessiner à l'horizon, vous, Chambre syndicale, vous nous lâchez... Vous dites : « nous ne voulons pas nous mêler aux syndicats, nous voulons rester libres chez nous, nous ne voulons pas d'union ».

M. Félix. — Il y a une confusion qui s'établit dans l'esprit de M. Panajou et qui pourrait produire une division; c'est toujours ce que je craignais. M. Gorce est un photographe défenseur de l'union beaucoup plus ardent que beaucoup de portraitistes; de plus nous devons respecter ici toutes les idées qui s'énoncent. Je n'admettrai pas qu'il soit dit qu'on ne peut pas avoir droit à la discussion parce qu'on n'est pas portraitiste; la Chambre syndicale est composée de tous ceux qui font de la photographie ou s'occupent de ses applications, ne l'oublions pas, et tous ses membres, quels qu'ils soient ont le droit de parler des intérêts qui la concernent.

M. Panajou. — Je suis étonné que mes paroles aient soulevé un pareil orage. Je reprends : je disais que la proposition de M. Rambaud ne vous engage pas. A quoi vous engage la nomination d'une commission mixte? Tout simplement à montrer à tous les photographes français que la Chambre syndicale est prête à entrer dans la voie de conciliation. Cette commission élaborera un travail, un projet d'organisation; les syndicats et la Chambre auront le droit de ne pas l'accepter. Je suis plus avec la Chambre syndicale qu'avec la Fédération; mais ce que je désire surtout, c'est l'union entre tout le monde. M. Rambaud me fait une proposition qui me semble la seule manière d'aller vers cette union sans froisser personne; un prochain congrès pourrait être organisé par cette commission pour l'examen des statuts d'une nouvelle société englobant tous les syndicats et la Chambre.

M. Carrez. — Par le Syndicat du Nord, je suis chargé de vous dire qu'il verrait avec assez de plaisir l'union entre tous les syndicats, à condition de conserver son autonomie, et que le mouvement soit dirigé par la Chambre syndicale.

M. Pinhor. — Messieurs, lorsque la lutte a commencé, j'ai hésité, mais je suis resté fidèle à la Chambre syndicale, me disant qu'elle était une mère ayant plusieurs enfants, les photographes, les éditeurs, etc. Pour vivre, nous sommes obligés de nous grouper, mais on pourrait laisser à chaque catégorie un jour de réunion par mois disent les uns; on est portraitiste ou on ne l'est pas, disent les autres; et, avec un mot, on nous divise. Mais pour revenir à la proposition de M. Rambaud, je constate que personne ne veut s'abaisser; la Chambre syndicale qui a été insultée, salie, ne veut qu'une chose : rester libre chez elle, et laisser la liberté aux autres, tout en leur permettant d'entrer dans son sein; c'est en somme très raisonnable.

M. Hénault. — M. Rambaud nous dit : création d'une commission qui envisagera la création d'un groupement; ce groupement aura un nouveau nom, de nouveaux statuts, un nouveau bureau. Je ne donne pas mon opinion sur ceci, je pose simplement une question. Dans ce nouveau groupement, si vous acceptez la photographie française, accepterez-vous aussi les applications de la photographie ?

M. Rambaud. — Je n'ai pas à spécifier ceci; il ne s'agit, dans mon projet d'entente que des grandes lignes : pour ne pas froisser personne, je parle d'une commission mixte qui comprendrait les représentants de tous les photographes, soit de ceux faisant partie de la Chambre, de la Fédération, des indépendants, et même de ceux qui ne font pas encore partie d'une organisation quelconque.

M. Hénault. — Vous n'avez pas répondu à ma question; accepterez-vous, dans notre nouvelle fédération, les applications de la photographie ?

M. Rambaud. — Je ne puis répondre, car je ne puis savoir ce que la commission mixte décidera à ce sujet. La Chambre syndicale peut conserver sa composition, son nom, ses statuts, et son autonomie, tout en rentrant dans une fédération, pour discuter conjointement avec les autres syndicats toutes les questions d'ordre général.

M. Hénault. — Les syndicats, la Fédération actuelle, subsisteraient avec leur composition actuelle; or, nos statuts ne nous permettent pas d'avoir dans la même ville que notre Chambre syndicale un syndicat de portraitistes parisiens. Il faudrait donc que nous soyons le seul syndicat à Paris. Je crois que ce sera toujours le gros obstacle à ce que nous allions vers l'union des syndicats.

M. Félix. — Messieurs, sans blesser personne, je vais essayer de mettre les choses au point, car enfin, nous tournons tous autour du plat. Mon rôle de président du Congrès m'oblige à mettre les pieds dedans. Pourquoi une nouvelle fédération serait-elle formée, sinon pour faire revenir dans le sein de cette fédération des personnalités que nous ne voulons pas accepter chez nous. Je ne veux pas qu'il y ait aucune espèce d'équivoque; à la Chambre, nous avons pris de graves décisions à la suite d'incidents que vous connaissez et que je ne veux pas rappeler; nous avons fermé la porte à certains; nous voulons que ceux qui sont sortis par cette porte ne rentrent pas par la fenêtre. Dès le début, en janvier 1911, dans un esprit de grande confraternité la Chambre syndicale avait créé des statuts tellement larges qu'ils donnaient pouvoir à tous les syndicats et les laissaient maîtres de la situation. Si les syndicats étaient venus à nous dans les conditions préconisées par nos statuts, ils pouvaient, grâce à la manière de voter que nous avions établie, nommer un nouveau bureau, nous mettre dehors, et faire de la Chambre tout ce qu'ils auraient voulu. Mais, ne profitant pas des avantages offerts par la Chambre, vous vous êtes tous mis à la remorque des portraitistes parisiens, syndicat fondé pour réunir les exclus et mécontents de la Chambre syndicale, et vous avez formé la Fédération. Je mets du miel sur mes lèvres pour vous poser une seule question : qu'avez-vous fait d'utile en cette Fédération ? Quelle est son œuvre ?... Néant ! Dans la fameuse lettre ouverte à M. Nadar on a écrit : « Faisons l'union et alors le Syndicat des portraitistes parisiens rentrera dans la Chambre syndicale en bloc. » Dans ce Syndicat parisien, les personnes sont respectables toutes en tant qu'individualités, mais la question de l'admission en bloc ne pouvait se poser : les photographes de Paris ne rentrent pas en bloc à la Chambre syndicale; on se présente individuellement, et c'est individuellement qu'on est admis ou repoussé. Vous ne pouvions donc accepter, en bloc, ce syndicat vivant à côté du nôtre; nos statuts, du reste, s'opposent à l'existence de deux syndicats à Paris.

Je reviens à nos statuts de 1911 qui donnaient tant de voix aux syndicats de province qu'il vous aurait été facile de nous débarquer, car nous nous étions fait une situation très mauvaise pour vous ouvrir à tous les portes de la Chambre syndicale. Ne nous dites donc pas que nous ne voulons pas l'union, que nous ne vous faisons pas des propositions de conciliation : nous vous les avons faites grandes, et les refaisons aussi grandes que notre dignité nous le permet; nous ne demandons pas même la disparition de la Fédération; nous disons aux syndicats, vivez tels que vous êtes, libres, et nous vous offrons de centraliser chez nous toutes les questions d'intérêt général, vous laissant l'autonomie en ce qui concerne les intérêts de chaque localité et région; nous ne voulons pas qu'on touche à notre indépendance, mais nous ne touchons pas non plus à la vôtre. C'est pourquoi nous refusons la composition de cette commission mixte, qui nous amènerait à être jugés par des gens indifférents ou que nous avons mis à la porte de chez nous; votre proposition part d'un bon naturel, mais elle est inacceptable pour notre Chambre syndicale. Il ne peut y avoir deux syndicats à Paris, et dans tous les cas les représentants du deuxième, composé comme je vous l'ai déjà dit de mécontents, ne peuvent être acceptés par nous comme arbitres de nos destinées, ce serait trop naïf de notre part. A Paris même, nous ne pouvons de par nos statuts, accepter l'existence d'un syndicat quelconque. Je vous demande, Monsieur Rambaud, si votre dignité consentirait à faire juger votre syndicat de Grenoble par des gens que vous auriez renvoyés de chez vous ?

M. Rambaud. — Le cas ne s'étant pas présenté n'a pu être étudié dans notre syndicat.

M. Fétan. — Une autonomie complète pour tous les syndicats... une autonomie complète pour la Chambre syndicale... l'union de tous pour les intérêts généraux de la corporation... la centralisation de toutes les questions générales au sein de la Chambre syndicale, voilà ce que je vous propose au nom de la Chambre syndicale. Mettons en rapport tous les syndicats par la Chambre syndicale, consultons-les sur toutes choses importantes, centralisons toutes les questions générales, portons à la connaissance de tous, par la voie du Bulletin de la Chambre, ce qui est fait dans chaque localité; faisons toutes les démarches nécessaires auprès des pouvoirs publics, pendant que de leur côté les syndicats de province font les mêmes démarches auprès de chaque municipalité locale; faisons connaître ce qui a été fait pour le bonheur de tous par tous ou par des individualités, et gardons chacun notre dignité. Voilà ce qui serait plus raisonnable que de constituer cette commission mixte qui, dès sa première séance, fatalement, va voir tous ses membres se disputer, reprendre les vieilles querelles dont il ne doit plus être question.

M. NADAR. — Monsieur Rambaud, en excellent confrère, vous avez prononcé tout à l'heure des paroles qui m'ont touché. Je vous félicite et suis heureux de le faire en public, mais, tout en vous exprimant ma profonde sympathie, j'ai le regret de vous dire que nous ne pouvons nous conformer à vos moyens à employer pour arriver à une entente parfaite, en ce moment. J'ai le triste privilège d'être parmi les doyens de la Chambre syndicale, et je puis dire quelles ont été les vies de labeur et de dévouement que de braves gens ont consacrées à cette Chambre syndicale que d'autres se sont permis de rouler dans la boue. Et cependant, au début, comme maintenant, quelques-uns de ceux qui ont le plus travaillé à sauvegarder nos intérêts, à fonder et à faire prospérer la Chambre syndicale, n'étaient pas portraitistes. S'il n'y avait eu que des portraitistes, la Chambre syndicale qui est quelque chose, quoi qu'on en dise, n'aurait pas la joie de célébrer son cinquantenaire aujourd'hui. N'était pas portraitiste, Léon Vidal, dont le concours nous fut si précieux. Je ne veux pas omettre de nommer Michel Berthaud qui a soutenu notre corporation avec tant de désintéressement et qui a dirigé notre organisation avec tant de compétence que j'ai été intimidé lorsque je lui ai succédé à votre tête. Je n'ai pu qu'apporter un grain de mil à l'œuvre commune, mais je l'ai toujours apporté avec tout mon cœur; je l'ai fait avec le plus ardent, le plus grand désir d'une entente parfaite entre tous les photographes de France. Nous devons tous tenir à ce que notre métier soit honoré, respecté, et qu'il soit honorable. Je me suis occupé de la réorganisation de nos statuts; je me souviens de ce que nous étions en 1875, en 1880, en 1900 même ...; nous n'avions pas de siège social, pas d'archives, pas de bibliothèque. Pour parer aux frais, nous avons organisé entre nous une souscription, mon excellent ami Ladrey peut s'en souvenir. Mais toujours, en toute occasion, nous avons voulu que la Chambre syndicale s'occupât, non seulement de la photographie, mais encore de ses applications. J'ai voulu l'union entre tous afin de faire bénéficier tous des avantages de l'union, et afin de peser, par un grand nombre d'adhérents, sur les décisions des pouvoirs publics. Nous avons eu l'occasion de nous rendre service mutuellement, et l'accord le plus cordial, les relations les plus courtoises, les plus amicales, ont toujours existé entre nous. J'ai eu moi-même la joie de connaître en cette Chambre syndicale mon ami le plus tendre, le plus sympathique, ce bon et cher Ladrey qui, toujours, avec sa modestie habituelle a su accepter et remplir si dignement et avec tant de dévouement les tâches qui lui ont été confiées et qui a été notre président aussi dévoué qu'il est actuellement le trésorier modèle. (*Applaudissements.*)

C'est nous qui avons fait les premiers syndicats en province; c'est nous qui les premiers avons eu l'idée de faire une fédération; c'est nous qui avions mis en nos statuts des articles permettant aux syndicats de garder leur indépendance tout en s'unissant très étroitement lorsqu'il s'agit de sauvegarder les intérêts de la corporation tout entière. Notre intérêt à tous, c'est de nous mettre tous d'accord, de travailler ensemble, en un parfait accord, à accroître notre bien-être et à nous montrer dignes toujours. (*Applaudissements.*)

Pour terminer, nous devons donc chercher un moyen d'entente; mais nous ne pouvons nous mettre à la merci d'être jugés par des gens qui, oubliant les longues années de dévouement et de désintéressement de certaines personnalités de la Chambre syndicale, ont marché contre nous, ont attaqué la Chambre avec une haine qui ne peut s'expliquer. A côté des membres des différents bureaux qu'ils ont voulu abattre, ils ont oublié qu'il y avait d'autres hommes ayant aussi consacré à notre œuvre leur talent, leur bonne volonté, leur intelligence. Je veux parler des membres de notre Conseil judiciaire, qui, avec moi, avec nous, ont toujours su faire protéger nos droits d'auteur, tous nos intérêts, et qui ont droit à tout notre respect.

Aujourd'hui, comme à chaque Congrès je l'ai fait, je viens donc vous demander à tous votre collaboration, en vous demandant de nous unir tous en cette Chambre syndicale qui a pour elle, son passé de travail, de dignité, de bonne confraternité, et qui, grâce à vous, aura un avenir plus long encore et plus fécond que ce passé.

M. ARLAUD. — Permettez à un nouveau venu parmi vous, qui n'a pas pris parti au moment de la crise, de venir dire ici : « La Fédération est un état dans l'état; je reconnais les bienfaits de tous les syndicats régionaux, mais je me permets de dire que la Chambre syndicale seule peut compter auprès de tout le monde; elle a de puissantes relations, l'oreille du pouvoir public, à sa tête des hommes qui sont des personnalités marquantes dans la corporation; elle a un passé de travail que n'a pas la Fédération; elle a cinquante ans d'existence, elle a fait ses preuves, nous pouvons donc nous placer sans crainte sous son drapeau, qui nous a menés à la conquête des droits d'auteur et des libertés syndicales. Je ne crois pas qu'on puisse discuter plus longtemps les propositions de conciliation qu'elle nous présente aujourd'hui. Rallions-nous donc aujourd'hui sous le drapeau de cette Chambre syndicale qui a été au champ d'honneur, qui a été au combat, et qui saura nous guider dans le chemin de la victoire. (*Applaudissements.*)

M. RAMBAUD. — Un seul mot pour protester contre des paroles dites tout à l'heure à propos de ma proposition. Je ne peux pas laisser dire que la nomination d'une commission mixte n'est en somme de notre part qu'un moyen de faire rentrer au sein de la Chambre syndicale des gens qu'elle a chassés. Je ne laisserai pas ainsi interpréter ma pensée, ni celle du Syndicat dauphinois. Vos querelles, je ne les connais pas, et j'ai assez de loyauté pour ne pas employer de moyens détournés. Le Syndicat de Grenoble, pas plus que les autres syndicats de province ne peuvent être accusés de prendre des moyens détournés pour arriver à l'union, à l'entente.

M. PANNON. — Je n'ai pas compris qu'il fût porté une semblable appréciation sur les moyens employés par nous; sans cela, j'aurais été le premier à protester violemment et à prendre la porte.

M. FÉLIX. — M. Rambaud a mal interprété mes paroles. Je n'ai voulu accuser personne de déloyauté; j'ai dit simplement et je répète que sa proposition aurait pour résultat de faire rentrer par la fenêtre des gens qui sont sortis de chez nous par la porte. Je n'ai pas dit que vous l'aviez fait dans ce but, mais ce serait le résultat. Mes paroles, vous le voyez, sont très claires, elles ne peuvent constituer une injure que je suis très éloigné de vouloir faire à un homme comme M. Rambaud dont le caractère m'a, au contraire, inspiré beaucoup d'estime.

M. BELISSON. — Comme conclusion, M. le Président nous a dit qu'il y avait un article des statuts qui nous donnait un droit de vote grâce au versement d'une cotisation par membre de syndicat.

M. FÉLIX. — Lisez nos statuts, article 9, paragraphe 6 :

« Les syndicats régionaux affiliés restent autonomes et indépendants. En ce qui concerne leurs rapports avec la Chambre syndicale, ils sont régis par les statuts de cette dernière. »

Paragraphe 7 : « Les membres actifs des sections régionales ont droit de vote personnel sur toute consultation d'intérêt général portée devant leur groupement ; leur vote pour ou contre s'ajoutant au vote pour ou contre exprimé par les membres de la Chambre syndicale. »

Voici ce que nous avions offert aux syndicats aux mois de janvier 1911 et 1912 et nous leur disions :

« Chaque section régionale sera astreinte à une cotisation minimum de 20 francs pour dix membres et au-dessous ; et de 2 francs par chaque membre en plus des dix premiers quel qu'en soit le nombre. »

Maintenant, messieurs, nous nous trouvons en face de deux propositions sur lesquelles il nous faut voter.

M. MARTINET. — Au bulletin secret ?

M. FÉLIX. — Je ne vois pas pourquoi. Chacun ici a son opinion et est libre de l'exprimer par un vote public sans crainte.

M. PANAJOU. — Comme il est bon de laisser l'apaisement se faire entièrement, et le vent souffler sur les mauvais souvenirs pour les emporter, je vous propose de nous rallier à la proposition d'une commission mixte qui statuera d'ici un an.

M. FÉLIX. — J'estime la bonne intention de M. Panajou qui est animé de très bonnes pensées, mais, en mettant aux voix la proposition du Syndicat dauphinois, je vous redis que la Chambre syndicale ne l'accepte pas pour les raisons déjà données.

Voici la proposition du Syndicat dauphinois :

« Qu'il soit nommé, à l'issue du Congrès, une commission prise par tiers parmi la Chambre syndicale, la Fédération, les indépendants, pour chercher un terrain d'entente et préparer un texte qui pourrait servir de base de discussion à un prochain congrès. »

M. PANAJOU. — Je fais remarquer qu'il y a dans cette proposition : « une étude sur un terrain d'entente ».

M. BAUX. — Je tiens à expliquer mon vote : je ne veux pas voter sur la proposition dauphinoise, parce qu'elle est dangereuse et inopportune ; nous sommes trop pris de court, il faut attendre un certain temps pour que les représentants des associations diverses puissent se rencontrer et discuter sagement.

M. FÉLIX. — C'est pour cela que nous ouvrons nos portes à ceux qui viendront chez nous, mais que nous attendrons encore que les esprits soient tout à fait calmes, avant de rien changer à notre organisation qui désire garder sa liberté en respectant celle des autres.

Messieurs, je mets aux voix la proposition du Syndicat dauphinois. (*On ne vote pour.*)

Maintenant, messieurs, je mets aux voix l'ordre du jour proposé par la Chambre syndicale et qui peut se résumer ainsi :

« Liberté à chacun, de faire partie, *en province*, du syndicat qui lui convient, et autonomie complète de chaque syndicat.

« Centralisation au siège de la Chambre syndicale de tous faits intéressant la Corporation.

« Publication dans le Bulletin de la Chambre syndicale de tous les résultats obtenus par un syndicat ou par une individualité, promesse absolue de la Chambre syndicale de faire toutes démarches auprès des pouvoirs publics, lorsque le but à atteindre sera d'intérêt général.

« La Chambre syndicale offre aux syndicats sa franche et dévouée collaboration, tout en leur laissant l'indépendance, mais elle tient à garder la sienne. »

Messieurs, je mets aux voix cet ordre du jour. (*Adopté à l'unanimité moins les onze votants précédents.*)

Messieurs, vous verrez que l'avenir vous donnera raison, et que les syndicats reconnaissant la sagesse de notre proposition, et de notre vote, viendront se ranger, nous l'espérons, sous le drapeau de la Chambre syndicale où ils trouveront toujours un accueil confraternel et amical, et où nous pourrons tous travailler en parfait accord aux intérêts de la corporation.

Le Congrès est clos, mes chers confrères, je vous remercie de votre présence pendant ces trois jours, et vous donne rendez-vous ce soir à notre banquet amical où nous fêterons le cinquantenaire de la Chambre syndicale et l'entente future et très prochaine, comme tous, au fond, nous la désirons. (*Applaudissements.*)

Ont été décernées par la Chambre syndicale aux employés photographes dont les noms suivent :

Médailles d'argent.

M. Joder (Xavier), 19 ans de collaboration dans la maison Sereni, à Bordeaux.

M. Sacareau (Claude), 18 ans de collaboration dans la maison Sereni, à Bordeaux.

M. Boffety (Francisque), 24 ans de collaboration dans la maison Dessendier, à Roanne.

M. Jean (Vincent), 22 ans de collaboration dans la maison Dessendier, à Roanne.

M. Egert (Alphonse), 21 ans de collaboration dans la maison Rancoule.

M. Hirsch (Lazare-Robert), 20 ans de collaboration dans la maison Dodé et Vve Boucher.

Mlle Colas (Jeanne), 19 ans de collaboration dans la maison Luzzatto.

M. d'Halluin (Georges), 18 ans de collaboration dans la maison Piccolati, de Lille.

M. Delobel (Louis), 17 ans de collaboration dans la maison Piccolati, de Lille.

M. Dubois (Antonin), 17 ans de collaboration dans la maison Dessendier, à Roanne.

M. Bendorf (Frédéric), 16 ans de collaboration dans la maison Chamberlin.

M. Collas (Claudius), 16 ans de collaboration dans la maison Dessendier, à Roanne.

M. Bernay (Pierre), 16 ans de collaboration dans la maison Dessendier, à Roanne.

M. Aderet (Joseph), 15 ans de collaboration dans la maison Chamberlin.

Banquet du Ve Congrès

Au cours du Banquet, qui réunit le samedi soir chez Ledoyen plus de cent congressistes, beaucoup accompagnés de leurs dames, les discours suivants furent prononcés :

DISCOURS DE M. PAUL NADAR

Président d'honneur.

Notre excellent ami et président Félix, après des semaines d'un travail opiniâtre, vient de voir couronner par le plus complet succès le cinquième Congrès de la Photographie professionnelle, et, après les trois journées très fatigantes de nos réunions, il me demande de le seconder en prenant ici la parole pour souhaiter la bienvenue à tous nos convives et les remercier, tant de leur collaboration à nos travaux que de leur présence à nos agapes fraternelles présentes.

Je m'acquitte d'autant plus volontiers de cette tâche, qu'assurément personne n'est plus profondément joyeux de consacrer, par les résultats nouveaux aujourd'hui acquis, l'utilité pratique de cette œuvre de nos Congrès dont j'avais pris l'initiative en 1900, et qui était destinée, dans ma pensée, en secondant notre Chambre syndicale corporative, à resserrer et à étendre, dans des limites aussi larges que possible, nos rapports avec tous nos confrères, tant parisiens que départementaux.

Après une longue période d'harmonie et de complet accord, bien de nature à rendre joyeux ceux qui avaient le plus fait pour y contribuer, un vent d'orage a soufflé le trouble et le désarroi dans notre corporation, parce que, trop modeste pour faire montre des services qu'elle rendait et des résultats que nous avions obtenus souvent à grand'peine, notre Chambre syndicale travaillait *simplement et loyalement* à des résultats positifs, pour le mieux de tous, et sans qu'il lui semble nécessaire d'aucune mise en scène pompeuse pour annoncer et faire valoir les bienfaits dont tous, *appartenant ou n'appartenant pas* à notre association, bénéficient cependant.

Mais la lumière a jailli, l'erreur et les malentendus ne trouveront plus place, je l'espère, après les discussions qui ont éclairé d'un jour éclatant la vérité, et nous pouvons compter que cet accord confraternel, dont nous devons sûrement pouvoir espérer les progrès réalisables, ne sera plus troublé ; nos confrères des départements étant édifiés sur ce fait si évident, *qu'en laissant la liberté à chacun d'eux et l'autonomie complète de chaque groupement auquel ils appartiennent*, notre but est, comme il n'a jamais cessé d'être, de les aider et de servir en toute occasion, ou par notre intervention, ces intérêts corporatifs, qui nous sont chers.

Ce fait m'a trop sensiblement touché pour que j'aie pu m'empêcher de vous en communiquer tout d'abord la joie que j'en ressens, et je vous prie, Mesdames, d'excuser l'incorrection que je viens de commettre en ne vous disant pas, de prime abord, combien votre présence parmi nous nous est agréable et nous charme, d'autant qu'en nombreux cas, vous êtes nous ne saurions l'oublier nos auxiliaires les plus précieuses et les plus dévouées, à ce point d'être parfois, dans votre sagesse, la véritable âme de la maison que vous égayez et que vous embellissez par le charme et la grâce que vous apportez dans nos relations d'affaires.

Mais, à cette table, je suis heureux de voir les représentants des différents Ministères dont nous dépendons et, en leur souhaitant personnellement la plus cordiale et sympathique bienvenue, en votre nom à tous, mes chers collègues, qu'il me soit permis de prier M. Vigneron, délégué du Ministère de l'Instruction publique et des Beaux-Arts; M. Maurice Johann, délégué du Ministère du Commerce, et M. Crébange, délégué du Ministère du Travail, de faire part à leurs ministres respectifs de notre profonde gratitude pour le haut patronage et le concours qu'ils ont voulu apporter à notre cinquième Congrès.

Je voudrais vous demander, messieurs, qu'il fût voté par acclamation un témoignage de très grande reconnaissance au premier ministère qui, en 1900, par sa décision immédiate, et en accordant le haut patronage du Gouvernement à notre premier Congrès, établit ces traditions qui furent suivies depuis par tous les ministères qui se succédèrent. Cette manifestation est d'autant plus légitime, indispensable, que M. Millerand qui vint assister à l'une de nos séances, voulut bien, après, faire partie de ce Conseil judiciaire dont il est toujours membre et auquel nous avons dû de pouvoir prendre, en toutes circonstances, les décisions les meilleures et les plus éclairées pour la défense de nos intérêts corporatifs.

Je retrouve aussi à nos côtés nos si bons et si chers amis Vannois, Taillefer, Clément; Marcel Lamare et Taupin excusés et, Sauvel, qui aussi empêché de sortir par son état de santé, n'a pu venir ce soir, et je renouvelle à tous, présents et absents, non pas seulement l'expression de cette extrême gratitude que nous leur devons pour leur dévouement à tout ce qui nous intéresse et dont ils viennent de nous donner une preuve en nous assistant encore pendant ces trois matinées, mais l'expression de cette si profonde affection qu'ils se sont acquise de notre part en donnant l'exemple si rare du plus généreux et désintéressé des sentiments: cet amour de la justice qui fait que depuis tant d'années et si ardemment, ils luttent avec nous pour la défense d'un principe si essentiel, celui que l'on nous refusait quand nous avons commencé à exiger le respect de nos droits de propriété sur nos œuvres.

Je salue aussi très affectueusement: l'ami Paul Bourgeois, que nous sommes fort heureux de revoir à cette table, et qui soutiendra, j'en suis convaincu, les intérêts de la photographie professionnelle à Gand, comme chaque fois qu'il a pu le faire dans les précédentes expositions; mon ami Grieshaber, président de la Chambre syndicale des fabricants et négociants de la photographie, avec qui nous entretenons de si excellentes relations; M. Mauge, qui est aussi bienvenu parmi nous, tant personnellement, que comme président de la Société des photograveurs; M. Kirch, président de la Société des employés en photographie, si intéressante, et à laquelle nous souhaitons toujours plus grand succès et prospérité; MM. Reeb et Klatt auxquels nous avons été redevables, à notre Chambre syndicale, de fort intéressantes conférences, comme prélude à cet enseignement de la photographie dans l'école que nous espérons créer dans un tout prochain avenir.

Parmi nos meilleurs amis que je regrette ne point voir ici, mais dont les images se mêlent dans ma mémoire à mes sentiments d'affection et de reconnaissance, qu'il me soit permis de rappeler les noms de MM. Lippmann, du général Sébert, membres de l'Institut; de Pannelier, notre président honoraire; de Lampué, notre ancien confrère, membre du Conseil municipal; de cet homme excellent et admirable qui obtint enfin, il y a quelques mois, la si juste récompense des services qu'il avait rendus, notamment à la photographie, je parle ici de l'ami Wallon; mais à côté de son nom, je veux inscrire celui d'un homme profondément désintéressé, d'un savant et d'un artiste à la fois, avec lequel notre Association n'a jamais entretenu de relations, mais auquel l'art français est redevable de progrès général, je parle ici d'un homme extrêmement modeste et, je le répète, de la plus grande valeur, du commandant Puyo, qui a ce mérite si rare, si bon et si accueillant, pour tous, de chercher, en chaque occasion possible, à faire profiter les autres de ce qu'il avait acquis pour sa propre satisfaction et par pur amour de l'art.

Voici donc sur le bon chemin l'édification de cette école qui doit apporter dans notre pays la rénovation si indispensable de notre art national. L'ami Gerschel a frappé par son excellent rapport un nouveau coup sur le clou que nous avions commencé à enfoncer, il a fait œuvre utile et bonne dont nous le remercions bien sincèrement et la collaboration de toutes nos bonnes volontés permettra certainement de triompher de toutes les difficultés à cet égard.

En même temps et pour compléter le programme qui, établi dès nos premiers congrès s'est poursuivi sans cesse, par l'installation définitive de notre Chambre syndicale, par la création de notre bibliothèque, de notre bureau de placement, de notre bulletin, par la création aussi de notre société des auteurs et de son agence de perception, à ce programme nous ajoutons aussi cette œuvre humaine, très belle, de mutualité, qui était une lacune incompréhensible et regrettable pour notre corporation.

C'est à vous, mon cher collègue et ami Gorce, que nous avons dû, grâce à votre très remarquable et intelligent travail, de pouvoir mettre sur pieds le projet dont vous avez si bien étudié les dispositions, et je souhaite de tout cœur que chacun de nous, en apportant son adhésion, collabore à adoucir l'infortune qui peut, hélas! du reste, nous frapper tous ici sans exception.

Vous avez fourni, mon cher Félix, je le répète, une somme très grosse de travail, vous avez, pendant des semaines je le sais, négligé vos propres affaires pour remplir la mission que vous aviez acceptée et, ayant la suprême satisfaction d'abord, d'avoir fait votre devoir en toute conscience, vous devez être profondément joyeux de ces résultats *dont nous vous félicitons de toute notre âme*. Je joins donc aux remerciements de tous mes collègues, *l'expression de ma profonde et sincère gratitude*.

Mais pour terminer, qu'il me soit permis ici de dire non seulement avec tous ceux qui s'intéressent, *tant en France qu'à l'étranger* au progrès de notre photographie, quelle est à la fois mon émotion et ma joie, de pouvoir enfin fêter l'homme génial auquel nous avons dû, à notre époque, la plus sensationnelle et la plus merveilleuse des découvertes. Enfin notre ami Louis Ducos du Hauron a reçu cette croix de la Légion d'honneur qui eût dû lui être décernée en 1869, époque à laquelle il annonça au monde stupéfait le résultat de ses recherches et, vraiment, nous étions confus que notre pays n'ait pas encore, par une récompense bien justifiée, consacré le mérite d'un inventeur dont le nom s'inscrira dans notre histoire aussitôt après ceux de Niepce, de Daguerre, de Poitevin. Mais que d'efforts pour faire rendre justice à ce génie, qui avait le grand tort de ne pas être un puissant électeur. Il se contentait au cours d'une vie de labeur incessant, et, après avoir englouti tout ce qu'il possédait, secondé par une famille admirable qui a fait tous les sacrifices pour lui permettre d'arriver à des résultats qui enrichissent l'humanité entière, mais dont il était seul à ne pas profiter, il se contentait d'être un bon brave homme, simple et modeste, incapable de se défendre et de ne rien faire pour lui-même.

Louis Ducos du Hauron ne devrait pas être simplement chevalier de la Légion d'honneur, mais il devrait être depuis longtemps titulaire d'un grade beaucoup plus élevé; tous ceux qui le connaissent et qui connaissent ses travaux partagent, j'en suis sûr, cette conviction. Puisqu'il a bien voulu me faire l'honneur de me désigner comme parrain, c'est donc avec cette pensée d'un véritable sentiment d'humilité vis-à-vis de lui, que j'attache aujourd'hui sur sa poitrine et en attendant mieux, nous l'espérons tous, cette croix de la Légion d'honneur, réparation véritablement trop tardive et que nous étions depuis si longtemps tellement impatients de lui voir décerner. (*Applaudissements.*)

DISCOURS DE M. GABRIEL FÉLIX

Président.

Mesdames, Messieurs,

Rassurez-vous, je serai bref.

Notre sympathique et dévoué président d'honneur, Paul Nadar, a bien voulu se charger du discours de bienvenue, je lui en suis très reconnaissant. Il l'a fait avec son amabilité coutumière, et si par hasard, ce que je ne crois pas, quelqu'un avait été oublié, je suis convaincu qu'il ne nous en garderait nulle rancune.

Le cinquième Congrès que nous avons clôturé aujourd'hui est venu à son heure pour que son œuvre soit féconde.

Nous sommes très heureux que le cinquantenaire de notre Chambre syndicale ait vu voter entre autres :

Les statuts de la mutualité;

Le principe de l'école professionnelle;

Et enfin, Mesdames et Messieurs, cet ordre du jour sur l'entente, qui prouvera à tous, dans un temps très court, que l'union rêvée n'est pas un vain mot, parce qu'elle sera faite dégagée de tous mauvais souvenirs.

Pour la réalisation de ces questions, vous nous avez fait confiance; nous vous prouverons, mieux que par des paroles, combien nous sommes dignes de la mériter.

Maintenant un mot personnel.

Merci à vous tous, surtout à ceux qui n'ont pas craint de quitter leurs ateliers pour venir à Paris; ils ont ainsi prouvé que la fraternité n'était pas un vain mot.

Les sympathies que m'ont témoignées tous mes confrères tant de Paris que des départements, m'ont été droit au cœur.

Votre calme dans les discussions, votre clairvoyance ont facilité la lourde tâche de président du congrès que vous avez bien voulu me confier; je vous en remercie.

De ces trois jours pendant lesquels fraternellement nous avons collaboré, je conserverai un inoubliable souvenir. *(Longs applaudissements.)*

M. FÉLIX. — Je reçois une lettre de M. Panajou que je vous demande la permission de vous lire :

« MON CHER PRÉSIDENT.

» En rentrant à mon domicile, je trouve un télégramme qui me rappelle d'urgence à Bordeaux, j'en suis navré. Il m'eût été si agréable de me trouver encore au milieu de mes collègues parisiens pour les remercier de l'amical accueil que j'y ai reçu et puis, j'aurais voulu de vive voix, leur apprendre que désormais Bordeaux et Paris ne font plus qu'un, car le Syndicat patronal de la photographie, de Bordeaux et du sud-ouest est affilié à sa puissante sœur la Chambre syndicale de Paris.

» Puisse cette décision en amener beaucoup d'autres et faire que sous peu, l'union définitive entre tous les photographes de France soit un fait accompli.

» Veuillez, mon cher Président, encore un fois, recevoir toutes mes excuses et mes regrets et croyez moi votre sincèrement dévoué.

» F. PANAJOU,

» Président du Syndicat patronal
» de Bordeaux et de sud-ouest.

(Applaudissements.)

Messieurs, nous n'avons qu'à nous féliciter de cette bonne nouvelle et à en féliciter le Syndicat patronal de Bordeaux et du sud ouest et son président, notre ami Panajou. *(Applaudissements.)*

La parole est à M. Édouard Belin.

M. BELIN. — Mesdames, Messieurs, le 3 juin 1900 s'ouvrait, dans cette même salle des Arts et Métiers où nous étions encore tout à l'heure, le premier Congrès : manifestation générale où se sont affermis, pour la première fois, les liens d'amitié et de solidarité confraternelle entre tous les artistes professionnels de la photographie.

Paris avait fait appel à la province, avec un esprit d'union et d'entente qui a toujours été et qui restera le lien nécessaire d'une utile et féconde collaboration. Cette première tentative qui, plusieurs fois répétée, devait vous amener au succès de ce dernier congrès, était due à l'initiative, aux sacrifices et à l'inébranlable volonté de cet homme éminent qui a consacré tant d'années et tant d'efforts à faire valoir le mérite des autres; j'ai cité notre président d'honneur et ami Paul Nadar. *(Applaudissements.)*

Depuis, il n'a pas cessé de se consacrer, tout entier, à son but à notre Chambre syndicale, et à cet idéal d'équité qui lui fit défendre avec tant de valeur, de fermeté et de succès, les droits méconnus de la corporation photographique.

Je ne puis rappeler tout ce qui mériterait d'être répété et connu, mais parmi tant d'autres faits, j'en choisis deux qui prouvent combien élevé est le sentiment qu'il a toujours eu de son rôle et de son devoir.

Il y a quelques mois (le fait m'a été rapporté aujourd'hui même par un de nos confrères, et mérite d'être conté) un membre de la Société des Auteurs attirait l'attention de M. Nadar sur l'état des finances de cette association, et lui demandait comment pourrait se combler le déficit provenant des droits versés aux auteurs, mais impossible, en fait, à percevoir.

Et M. Nadar qui, cependant, avait déjà tant fait, répondait simplement : « C'est moi, mon cher collègue, qui ferai le nécessaire. »

Comment ne pas être frappé de la coïncidence qui rapproche aujourd'hui dans une même manifestation de gloire et de sympathie, les deux noms de Nadar et de Ducos du Hauron.

Depuis douze ans, je savais que M. Nadar hanté par le désir de voir enfin consacrer le génie de l'inventeur et du savant qu'est M. Louis Ducos du Hauron, avait fait des démarches, et tous ici, nous avions été invités par lui à apposer nos signatures sur les pétitions qu'il adressait aux pouvoirs publics.

Il y a quelques jours encore, ne m'écrivait-il pas : « Merci, mon cher ami, de vos affectueuses félicitations, mais ma plus grande joie a été de voir enfin décorer Louis Ducos du Hauron. »

Que de sincère dévouement et d'abnégation personnelle dans cette phrase, et si nous avons été heureux de ce résultat, sachez Monsieur Nadar que vos amis ont applaudi à votre double succès. Car, je ne sais qui je dois le plus admirer de l'inventeur illustre ou du maître qui a tant lutté pour faire éclater sa gloire. (*Applaudissements.*)

Ce m'est non seulement un honneur, mais une douce joie de célébrer ici, ce soir, le nom d'un homme que nous vénérons tous, et je n'ai pas besoin de lui dire ma reconnaissance, il la sait, et les termes me manquent pour l'exprimer.

Paul Nadar n'est pas seulement un grand artiste, c'est un homme de cœur, et un brave qui ne craint qu'une chose, c'est l'injustice. Mais, qu'il se rassure... il ne l'a jamais commise. (*Applaudissements.*)

Le nom illustre que lui a légué son père, il l'a encore ennobli d'une auréole de bonté, et la distinction que nous applaudissons tous, vient en lui étant décernée, de justifier une fois de plus, son nom de Légion d'honneur... (*Applaudissements.*)

Je lève mon verre, Messieurs, à M. Paul Nadar, à son nom et à son œuvre qui sont une gloire pour la photographie et pour la France. (*Applaudissements.*)

M. Nadar. — Votre amitié exagère, mon cher Belin, j'ai fait ce que j'ai pu et rien de plus. Je vous remercie bien vivement des paroles cordiales que vous venez de prononcer. J'ai commis dans mes paroles de tout à l'heure des omissions très regrettables mais qui ne peuvent être imputées à mon cœur. Je veux présenter toutes mes excuses à nos chers collègues que j'ai oublié de saluer particulièrement : M. Delsart, un de nos doyens; M. Picollatti, notre si excellent collègue, et que je connais et estime depuis si longtemps; un vieux de la vieille qui s'appelle Martin, et qui n'a rien de l'ours; je regrette de ne pas saluer notre collègue Panajou; je ne veux pas oublier de dire aussi quelle a été ma joie en apprenant la distinction qui a été décernée à un homme que j'admire beaucoup :

je veux nommer Louis Lumière, que j'admire, même quand nous n'avons pas la même manière de voir et de penser.

A tous, à chacun, à la province comme à Paris, aux anciens comme aux jeunes, je donne un très confraternel salut. Nous avons travaillé aujourd'hui à faire un pas très grand vers l'entente générale. J'espère que l'exemple de l'homme sensé qui s'appelle Panajou, dont vous avez pu admirer la haute intelligence en ces trois jours, sera bientôt suivi par tous les syndicats et que bientôt, nous marcherons la main dans la main, unissant nos efforts pour le bien de notre corporation.

Mes amis, je vous salue tous, et je vous remercie, comme je salue et remercie cet homme de haute intelligence qu'est Edouard Belin, d'avoir bien voulu venir ici ce soir boire à la Chambre syndicale, à la photographie française et à ses applications. (*Applaudissements.*)

DISCOURS DE M. MAURICE JOHANN

Représentant de M. Fernand David, Ministre du Commerce.

Mesdames, Messieurs,

Après les excellents discours que vous venez d'entendre, le rôle du représentant du ministre du Commerce est des plus modestes; il doit se borner aux paroles de politesse, obligation qu'impose une très cordiale réception, sans vouloir faire un discours, qui paraîtrait bien prétentieux après ceux de Messieurs les Présidents.

Permettez-moi de vous remercier bien simplement d'avoir eu la délicate attention d'inviter M. Fernand David à votre fête; permettez-moi aussi de vous remercier des paroles aimables prononcées à l'adresse de M. le Ministre du Commerce et de son représentant, et pour l'accueil énormément flatteur que vous m'avez réservé. Je vous apporte les excuses et les regrets du ministre du Commerce retenu par une invitation antérieure à la vôtre, invitation inhérente à sa fonction, et formulée et acceptée depuis trois mois. Il m'a chargé de vous exprimer tout l'intérêt qu'il porte à votre Chambre syndicale et de vous remercier de l'avoir nommé président d'honneur de votre Congrès.

Vous célébrez aujourd'hui le cinquantième anniversaire de la fondation de votre Chambre syndicale et vous clôturez un Congrès qui fut des plus intéressants par les questions que vous y avez discutées, par les ordres du jour que vous y avez votés, par la Société de secours mutuels que vous avez fondée et l'école que vous y avez créée en principe. Je vous félicite de tous ces travaux, mais je tiens aussi à vous féliciter de l'exposition si artistique que vous avez faite au siège de la Chambre syndicale, et dont M. Gorce m'a fait les honneurs cet après-midi; en face de cette galerie merveilleuse de la photographie, je ne pouvais m'empêcher de penser que vous aviez une profession qui sert à la fois l'art et la beauté, le goût et l'élégance. Sous la direction de maîtres éminents, il vous est permis de créer ces chefs-d'œuvre qui vous ont fait remporter tant de succès, non seulement en France, mais encore à l'étranger, à Bruxelles, Liège, Milan, Turin, etc.

Il m'est profondément agréable de rencontrer ici une association vraiment bien vivante, sachant ce qu'elle veut, capable de diriger ses destinées. Pour un ministre du Commerce, Messieurs, c'est un précieux réconfort que de sentir à côté de l'action des pouvoirs publics celle si puissante d'organisations comme la vôtre qui peut les aider à résoudre les problèmes d'économie sociale. C'est la source d'initiatives fécondes qui, d'un même cœur, d'un même élan savent dans leur modeste sphère, contribuer à la grandeur et à la gloire de notre beau pays de France. (*Applaudissements.*)

Une œuvre de solidarité sociale comme la vôtre est faite de solidarité professionnelle, de tous les dévouements, de tous les concours de ceux qui se consacrent à la prospérité nationale. C'est à ce titre que vous méritez la reconnaissance du ministre du Commerce et c'est ce dont je vous remercie en son nom.

Il m'est impossible ici de ne pas rendre hommage à vos deux présidents, à M. Paul Nadar dont si justement on a esquissé le portrait tout à l'heure, à M. Gabriel Félix qui a su si bien diriger vos travaux en ce Congrès si fécond.

Lorsqu'un homme comme M. Félix, a su ajouter aux soucis des affaires, à l'exercice d'une profession dont une conscience artistique lui faisait une lourde charge, celle de se consacrer à la direction d'une organisation comme votre Chambre syndicale, il a fait son éloge lui même, non seulement par son œuvre mais surtout par la confiance et l'estime qu'il a su conquérir.

Dans une pensée de reconnaissance, pour le passé, d'espoir pour l'avenir, de félicitations pour le présent, unissons dans un même toast et votre Président d'honneur M. Nadar, et votre Président effectif, M. Félix, ainsi que la Chambre syndicale à laquelle ils se sont tant dévoués. Je vous demande donc, Messieurs, de lever votre verre en leur honneur, au nom de M. le Ministre du Commerce, comme je lève le mien, m'inclinant profondément, mesdames, devant le charme de votre sourire et de votre beauté qui nous donnent ce soir l'illusion d'un chaud rayon de soleil illuminant cette fête amicale. (*Applaudissements.*)

DISCOURS DE M. CREANGE

Représentant de M. le Ministre du Travail Léon Bourgeois.

MESDAMES, MESSIEURS,

Je n'essaierai pas de faire ici un discours improvisé: je n'ai été informé que très tard cet après-midi que j'aurais le très grand honneur de représenter M. Léon Bourgeois à cette table.

Cependant je voudrais vous exprimer de mon mieux les impressions ressenties à entendre tout à l'heure votre président d'honneur, M. Paul Nadar et votre président, M. Gabriel Félix et je voudrais vous dire que M. Léon Bourgeois qui a accepté la présidence d'honneur de votre Chambre syndicale avec beaucoup de joie, aurait été heureux de deux nouvelles apportées ici par M. Nadar. La première c'est que votre Syndicat ayant eu la pensée de réunir dans une action commune tous les autres Syndicats de province, on peut dire maintenant que l'union entre tous les photographes professionnels de France est un fait accompli et que tous, dorénavant, collaboreront avec l'ardeur de vrais militants à défendre, en France et à l'étranger, l'excellent renom de la photographie française.

La photographie française mérite doublement son nom, puisqu'elle est un art français, né en France, qui s'est développé en France et que c'est de France que sont sortis tous les progrès, tous les succès, toutes les inventions qui honorent la photographie actuellement.

L'art de la photographie est un art français; de plus, ce n'est pas seulement un art à la portée des riches, des heureux de ce monde, c'est un art démocratique qui a permis à la plus humble famille de conserver l'effigie des anciens, des parents, des amis, ce qui fut autrefois le privilège exclusif des classes riches qui se plaisaient à faire exécuter par des maîtres du pinceau le portrait de ceux qui leur étaient chers. La photographie aujourd'hui reproduit les traits aimés avec leur finesse d'expression, toute la personnalité et une telle illusion de mouvement qu'on croit voir réellement l'original du portrait. La photographie fait plus encore: c'est un art qui en certains jours, a été capable de rendre au pays des services énormes: aux jours de danger, elle a prouvé qu'elle était capable de révéler quel était l'ensemble de la défense nationale; puis elle a porté aux absents, à ceux qui se faisaient blesser ou tuer sur les champs de bataille, où à ceux qui anxieux, attendaient impatiemment des nouvelles, elle a porté sous forme de dépêches l'annonce des victoires et des malheurs dont nos pères nous ont si souvent entretenus.

Sous l'aile des pigeons voyageurs, ces dépêches se cachaient; si nos vaillants et intelligents pigeons voyageurs ne nous rendaient plus le même service à l'heure présente, c'est que leurs frères vivants, héros modernes, pourraient du haut de leurs aéroplanes braquer l'objectif sur les troupes ennemies et nous renseigner très sûrement grâce à l'art photographique.

Je ne puis vous citer toutes les applications médicales, cinématographiques, radiographiques de la photographie.

Je me contente de lever mon verre aux photographes français, à votre Chambre syndicale, au développement des sentiments de solidarité et de mutualité qui sont représentés par votre Association et dignement soutenus par votre Président d'honneur, M. Nadar, et votre Président effectif, M. Gabriel Félix, que je salue dans un toast.

Je bois à la photographie française! *(Applaudissements.)*

ALLOCUTION DE M. VIGNERON

Représentant de M. le Ministre des Beaux-Arts.

MESDAMES, MESSIEURS,

Je ne voudrais pas répéter ce qui a été dit. Vous savez tous que s'il y a dans tout homme un photographe qui sommeille, il y a aussi dans tout Français un artiste qui demande à s'éveiller.

La photographie est maintenant devenue un art; il n'y a pas longtemps encore, quand on traitait quelqu'un de photographe, on savait ce que cela voulait dire: un homme qui ne sachant faire autre chose, faisait de la photographie, et se croyait artiste. Aujourd'hui, il n'en est plus ainsi: quand on visite les expositions universelles ou privées, on constate qu'il existe réellement un art de la photographie qui tient dignement sa place à côté des autres arts. Il ne consiste plus dans la reproduction plus ou moins exacte des traits humains, nous avons de magnifiques tableaux photographiques, et cela devient de l'art de composer ses plans, de choisir le point de vue, l'éclairage et la manière de placer son sujet. Il faut aussi que le photographe soit psychologue, il faut qu'il ait du goût, du tact, qu'il sache deviner que ce monsieur aime mieux qu'on voie certain côté de son habit, et que cette dame préfère qu'on ne révèle que son profil.

Il y a deux parties dans votre exposition : partie artistique, partie matérielle. C'est pour l'instruction complète des jeunes recrues que vous avez eu l'idée de créer une école de photographie, et de cela au nom du Ministre des Beaux-Arts, je vous félicite, car il semble que, par cette création l'avenir de la photographie française soit complétement assuré. Aussi ne me reste-t-il qu'à faire des vœux pour son succès rapide et à décerner à ceux qui ont travaillé à développer l'art photographique la juste récompense de leurs travaux.

J'ai donc le grand plaisir de nommer :

M. Grieshaber, officier de l'Instruction publique ;

M. Barcouda, officier de l'Instruction publique ;

M. Benjamin, officier d'Académie ;

M. Walbott, officier d'Académie ;

M. Chevojon, officier d'Académie.

Messieurs je lève mon verre à la prospérité de la Chambre syndicale et aux succès de la photographie française. *(Applaudissements.)*

DISCOURS DE M. DELSART

Mesdames, Messieurs,

En ma qualité de doyen d'âge je me permettrai d'user d'un privilège que personne n'a ici, de vous dire deux mots à propos d'une phrase qui a été prononcée : on a dit que la photographie était française, de naissance et de fait ; mais, parfois, on croirait qu'elle a été découverte en Amérique ou ailleurs.

J'ai eu l'honneur en 1905 de faire une proposition dans un banquet : celle de mettre à l'étude l'érection d'un monument à la gloire des fondateurs de la photographie, de ses perfectionneurs et de tous ceux qui ont consacré leur vie aux découvertes qui honorent notre corporation. Le principe de cette proposition avait été adopté à l'unanimité des membres de la séance. Le 13 avril 1906, la Chambre syndicale a voté une somme de 500 francs et le principe d'un comité qui a même été nommé. Or, ce comité ne s'est réuni qu'une seule fois. Cette commission après s'être rendu compte des nombreuses adhésions reçues a décidé qu'une réunion décisive aurait lieu. Au Conseil municipal M. Pannelier devait faire une communication et décider la ville de Paris à l'érection de ce monument. Or, rien de tout cela n'a eu lieu et c'est pourquoi, mes chers confrères, je me demande s'il ne serait pas bon de reprendre la question aujourd'hui. Je compte sur la Chambre syndicale française pour réaliser, avec l'aide des syndicats de province, l'érection de ce monument. Nous sommes en présence des résultats que vous avez acquis, et je me fais le modeste interprète de tous les photographes de province pour vous en féliciter. Je bois ici, à tous ceux qui ont organisé ce con grès : à M. Nadar, à M. Félix dont le tempérament énergique nous a séduit ; à tous nos éminents maîtres, moi qui ne suis qu'un simple et modeste photographe, je bois à l'union de tous les photographes, je bois à la photographie française (*Applaudissements.*)

M. FÉLIX. — Mon cher ami, nous ferons l'érection du monument dont vous parlez quand nous ferons l'École professionnelle. Là, nous pourrons mettre à leurs véritables places, les bustes de tous ceux qui ont créé et perfectionné la photographie. (*Applaudissements.*)

DISCOURS DE MAITRE VAUNOIS

MESDAMES, MESSIEURS,

Je tiens à vous remercier et à remercier M. le Président Nadar ainsi que M. le Président Félix, des paroles aimables qu'ils ont adressées aux membres du Conseil judiciaire de la Chambre syndicale. Il eut mieux convenu à M. Millerand, qui en fait partie, qu'à moi-même de prendre la parole ce soir, et s'il ne le fait pas c'est que les affaires de la France le tiennent éloigné de cette table ; c'est à son absence que je dois le très grand honneur et le très grand plaisir de vous remercier, de nous associer à votre grande de famille et, puisque vous avez eu l'amabilité de nous faire des compliments, je dois vous en faire aussi.

La photographie, c'est l'introduction de la lumière en vos objectifs, c'est la conversion de cette lumière en traits personnels ; la lumière est donc votre meilleur instrument, et l'on peut dire que vous êtes amoureux de la lumière. Non content de vous servir de cette lumière pour vos travaux artistiques, vous avez voulu éclairer les intelligences, et, paradoxe original, vous avez choisi le jour le plus sombre, et dans ce jour, l'heure la plus obscure pour éclaircir des questions importantes.

Je ne dirai pas que vous nous avez ébloui par vos décisions, cela aurait été contraire à vos idées, non, vous avez simplement cherché à éclaircir un certain nombre de questions, et nous, les avocats, nous nous sommes tenus dans notre coin sans tenter autre chose que de vous écouter, de reconnaître votre sagesse, votre calme, votre prudence.

Ce qui m'a rendu plein d'admiration, c'est à quoi on a fait allusion tout à l'heure, c'est cette union sortant d'une dissension passée. La dissension, c'est toujours une chose qui intéresse les avocats, car que deviendraient-ils, si tout le monde était d'accord. (*Rires.*)

Mais ce n'est pas à ce point de vue que nous avons été édifiés. Tailleter et moi qui sommes des vieux routiers des congrès, qui, ensemble, en avons tant fréquentés. Souvent au sortir de ces assemblées, je lui ai dit : « Il est bon qu'il y ait une minorité courageuse, qui ne recule pas devant les rebuffades, qui combatte, discute, car c'est là la meilleure preuve d'une vitalité des corporations, qui doivent laisser autour d'elles s'agiter tous les indépendants alors qu'elles sont assurées de leur discipline intérieure. Eh bien, tous ces indépendants, toute cette minorité, la Chambre syndicale a su les réunir, les grouper pendant trois jours et a su les traiter, adopter avec eux, des questions qui sont de première importance pour la corporation photographique tout entière. Je dis bien haut ici que j'ai admiré votre calme, votre manière de diriger les débats et je bois à vos intérêts dans l'union que vous avez faite aujourd'hui même : je bois à vous tous et à la Chambre syndicale. (*Applaudissements.*)

DISCOURS DE M. FERNIQUE

Mesdames, Messieurs,

Le bureau du cinquième Congrès de la photographie a eu l'aimable pensée de convier à sa table M. le Président de la Chambre syndicale de la photogravure.

Empêché de répondre à cette invitation, M. le Président m'a prié de le remplacer, cela m'est très agréable et, quittant, un moment, ma place au bureau du cinquième Congrès de la photographie, je remercie ce bureau de ce fraternel appel à une Chambre dont les travaux relèvent surtout de la photographie. Au nom de cette Chambre, je lève mon verre à une heureuse suite des travaux du cinquième Congrès.

Toujours au nom de la Chambre syndicale de la photogravure je présente mes respectueux hommages à M. Ducos du Hauron.

Nous avons vu, avec joie, ses éminents travaux qui nous sont si précieux, enfin reconnus et récompensés officiellement. (*Applaudissements.*)

M. Chabrier, d'Alençon, en quelques mots émus remercie la Chambre syndicale, de son charmant accueil pour tous les photographes de province. (*Applaudissements.*)

Personne ne prenant plus la parole, la partie artistique a commencé, elle a obtenu un très grand succès, grâce au concours de nombreux artistes, parmi lesquels nous citerons tout particulièrement : M. Charles W. Clark, le célèbre baryton américain, et le joyeux comique Jacques Mauvillier, fils de notre sympathique confrère de Besançon.

IMPRIMERIE CHAIX, RUE BERGÈRE, 20, PARIS. — 22.4 2 13